ちくま文庫

関東大震災と鉄道

「今」へと続く記憶をたどる

内田宗治

筑摩書房

本文・図版デザイン　板谷成雄
地図製作　ジェイ・マップ

井伏鱒二の中央本線脱出行

大正十二年九月一日、午前十一時五十八分。

地の底で大嵐が起きたような不気味な音と共に、激震が東京や横浜など、南関東地方を襲った。

それから五十年ほど経ち、井伏鱒二（いぶせますじ）が『半生記』で、当時の様子を書いている。井伏は、東京の早稲田界隈で下宿生活を送っていたが、震災後の七日目に、中央本線経由で郷里の広島に帰ることにした。下宿では食料が手に入らないし、東京市内は昼も夜も物騒な噂が飛び交い、心身ともにくたくたになったためだった。

大久保駅から立川駅まで、六時間程の道のりを歩き、立川からは汽車に乗れた。避難民は切符を買わなくても乗せてくれた。震災後数日間、地方へ行く列車は、とてもすぐには乗れないほど大混雑しているものも多かったが、井伏の乗った列車は、「車内の雰囲気は結構和らいでいた」。また、「みんなひもじがっているようであった。ひもじいものには他人のひもじさがわかるものだ」。

列車が甲府の駅に着くと、ホームには愛国婦人会のタスキをかけたおばさんたちが送迎に来ていて、窓から慰問のソラ豆の袋をくれた。女学生の団体もいて、そのうちの一人は、避難民の帝国大学生が、浴衣を着ていながら帯をしめていないのに気付くと、おもむろに、袴の下に締めている赤い帯を解いて、帝大生に渡していた。「貰った方は顔を赤らめて帯をしめ、くれてやった方は澄ましていた」。

列車が長野県に入り上諏訪でも岡谷に着いても、愛国婦人会の団体が来ていて、餡パンやソラ豆の袋をくれた。塩尻では、駅前の雑貨屋で竹の皮の草履を買って代金を置くと、避難民からお金を受け取るわけにはいかないといって押し戻された。木曽の中津川では、まだしらじらと夜が明けたばかりだというのに、愛国婦人会の団体が駅に来ていて、大バケツ一杯に入った味噌汁と握り飯を皆にふるまってくれた。この味噌汁が実に美味しく、「うまいなあ」と奇声を発する人もいた。井伏は、「人を興奮させる味噌汁であった」と語り、次のようにも指摘する。

「当時の避難民は優しく扱われたのだ。戦争で空襲騒ぎのときとはまるで違う」

「当時の避難民」と井伏がいう関東大震災時の日本人たちは、どういう社会で暮らしていたのだろうか。米国合同通信員のデュポーズは、日本人の行動をこう伝えている。

「かかる大災変に処して、東京の秩序整然としていることは、実に驚くばかりで、サンフランシスコの震災の時など、災害に遇って倒れている人々の懐中から現金を盗んだり、はなはだしいのは指環をはめた指を、そのまま切りとったりした程の兇族がいたが、今回の日本での震災においては、ほとんど無警察状態にあったにもかかわらず、こうした忌まわしい犯罪もない。日本人に対する敬服の念を新たにせずにはおられない」

米国大使ウッズも、次のように語った。

「多くの日本人が、整然たる秩序の下に、鋭意跡始末に従事している。これは世界いずれにおいても見ることのできない大国民の態度である。これをもって思うに、日本は、必ずや近き将来において、さらに偉大な国家を顕現するだろう」

3・11東日本大震災時の、海外メディアの報道にそっくりなのに驚かされる。たとえば英国のBBCは東日本大震災時、「地球最悪の地震が世界で一番準備され訓練された国を襲った。犠牲は出たが他の国ではこんなに正しい行動はとれないだろう」と報道している。こうした論調に当事者の日本人として、すなおに受け取り違和感を抱かない方も多いかもしれない。

しかし、一方では今も昔も立派な行動だけでなく、東日本大震災でも被災地で犯罪は起きている。関東大震災時には、強盗等が起きたほか、「朝鮮人が井戸に毒を入れたり放火をしたりしている」という流言が広まり、朝鮮人虐殺事件が多数発生した。流言を真に受け朝鮮人暴動に備えた自警団も結成されている。井伏も前述の汽車に乗るため立川駅に向かう途中、高円寺在住の学校の先輩（光成）の家に立ち寄った際、「ここでも警戒が厳重で、夜になると光成が町内組の人たちと自警の立番に出て行ったので、私もステッキを借りて立番をつきあった」。流言は至る所でごく身近な怖れとして存在したわけである。

関東大震災を語る時、朝鮮人に関するデマと殺傷事件の多発は避けて通れない問題といえ、それには当時の朝鮮系日本人が置かれていた社会環境、歴史的事件、日本人の心理状態など様々な角度からの研究が必要で、実際多くの研究成果が発表されてきた。本書では関東大震災時の鉄道の状況と鉄道員、乗客の行動に焦点を当てることが目的のため、流言などの記述は鉄道と関連した内容などのみとした。

それらを踏まえたうえで、今の社会に、関東大震災の時と似ている点があるとすれば、それはどういうものだろうか。そして昭和戦前、太平洋戦争に至る二十年とも、またどう違っていたのか。

東日本大震災がきっかけとなって、関東大震災の時の鉄道を調べ始めると、運行中の全列車の安否、駅や鉄道施設の被害状況から、被災後の避難列車の様子など、これまでほとんど語られて来なかったのに気がついた。またそもそもどの地域が震源域で揺れが激しかったか、津波や液状化現象の被害があったのかどうかも、ほとんど知られていないのも気になった。

埋もれている多くの資料には、鉄道にまつわる人々の様々な姿が綴られていた。それらを読み、また一部、関係者の話を伺っているうちに、鮮明にとまではいかないが、いくシーンか、まるで画質の悪いモノクロ動画を見るように、当時の鉄道と、鉄道員や乗客の姿が、目に浮かぶようになってきた。

列車の中で、また旅客駅や貨物駅で、激震の直後に鉄道員は、咄嗟に様々な行動を取った。多くの鉄道員が火災にも立ち向かった。避難列車の運行にも様々な決断があった。一方被災者にとって、駅は避難場所であり、炊き出しをくれる場所であり、また、運行不能となった貨物列車は、時に略奪の狙い場所でもあった。東日本大震災時、東京周辺のＪＲの駅が閉鎖されたのと異なり、多くの駅で構内は公共の広場のような役割を果たしていた。

鉄道は、その開業時以来現在に至るまで、社会の変化に合わせて成長し、部分的に衰退もした。その間、一人ひとりの生活や歴史の中で、鉄道は大きな役割を演じてきた。大震災が起きた時の鉄道員や乗客の行動、鉄道施設や列車の状況、事故などを見ていけば、当時の社会が見えてくるのではないだろうか。

また、そうした理屈抜きにして、鉄道省などの公式記録から個人の手記に至るまで、稀有の大災害を記録し後世に伝えようとした多くの人たちのおかげで、数々のドラマに満ち溢れた鉄道の様子を知ることができ、それはまさに興味尽きないものである。

関東大震災と鉄道

「今」へと続く記憶をたどる——目次

井伏鱒二の中央本線脱出行　3

第4章　通信と報道

第5章　猛火との戦い

第6章　避難列車

2両だけは海中に沈むのを免れた真鶴行き109列車の車両

第1章

根府川駅大惨事

1――国府津発真鶴行き普通列車

神奈川県南西部、相模湾に面した根府川駅。正午前、東西から二本の列車が近づいていた。下り東京発真鶴行き普通一〇九列車（70〜71頁地図6）と、上り真鶴発東京行き普通一一六列車（地図7）である。根府川では日中に限れば、上下列車が行き違い交換するのはこの時だけだった。そのため、二〇人ほどの乗客、見送り人や出迎え人がやってきていて、この小さな駅での昼一番の賑わいとなっていた。

真鶴行き列車には、静岡県の三島から熱海の実家へ帰る對木敬蔵が乗っていた。まだ丹那トンネルが開通していないので、東海道本線の列車は現在の御殿場線を経由している。三島から熱海に行くのには、箱根の山の北側をぐるりと迂回する形で、国府津に出て、そこから西に戻る形で海沿いを熱海方面へと向かっていた。この時代、国有鉄道（鉄道省線とも呼ばれた）の線路は、国府津から熱海の手前の真鶴までしか達していない。

真鶴行き列車が根府川駅ホームへとさしかかった時、物凄い地響きと共に下からドスンと突き上げる激震が始まり、その数分後、駅舎（駅本屋）、ホーム、官舎、線路などは列車と共に、地滑りで、海へと転落した。まさに駅がまるごとその場から消滅してしまった。被災した列車に乗っていながら、奇跡的に助かった對木は、この時の体験を手記に残している。

熱海線根府川駅で、あの時列車が三百七十有余名の乗客もろ共、数十丈の断崖から海中へ転落し、加うるにすぐ後から襲来した山津波のため、人も列車も海中深く埋没し、奇跡的に生命を拾ったのは僅（わず）か二十一名の少数にすぎなかった。私は実にその二十一名の生存者の中の一人として今、怖ろしかった当時を静かに追想しながら、あの不幸にも「死」のサイコロを振り当てられた幾多の気の毒な人々に、心からなるはなむけとしてこの手記を綴るのであります。

私の生家は熱海温泉場で古くから旅館を経営しております関係上、その長男に生まれた私は、当時料理の心得の必要から、旧幕時代このかた東海道に割烹料理で名高い三島町の魚半（うおはん）に寄寓し、専心料理の研究に没頭していたのでした。そして震災の当日は、まる一年振りで故郷の熱海へ帰省する予定でした。

前日から前々日にかけて、続け様に大きな婚礼仕事や宴会がたくさんあったために、私は非常に疲れていましたので、車中ぐっすり寝込んでしまいました。小田原、早川とすぎ、米神(こめかみ)の辺へ来ると、さすがに熟睡後の頭が快く冴えかかって、時々眼を上げては、車窓から見はるかす相模灘の紺碧を眺めたりしました。この日は海が朗らかに輝いて、三浦・房総の岬から初島・大島の御神火まで懐かしく眼底に映るのですが、直ぐまたウトウトとしていました。

「根府川! 根府川!」遠くの方から車掌の呼声が夢現の間に聞こえて、汽車は静かに構内に向かって徐行し初めた様に感じていました。すると数秒の後、突然列車はドシン!という何物かに強く衝突した様な激動を起した。私はその時、列車がよくある例で、後尾において貨物を連結したその衝動だろうと思い何気なく車外を覗いて、アッ!と叫びました。構内の建物や電柱が屏風の如く揺れ動いて、プラットホームには、駅員や大勢の人達がまるで蟹の様に地面に這いつくばっているではありませんか!!

「地震だ! 地震だ!! 大きな地震だぞ!!」車内の人達は、期せずして蜂の巣を突いた様に騒ぎ初めました。

「あなた! 貴方ッ! 大丈夫でしょうか!」「あッ! あぶないッ! 荷物が落ちる!」

「泣くじゃない！、泣くじゃないッ！　今に止むから！」「健坊！　シッ、カリ！、シッカリ摑まって！」

「逃げろ！、逃げろっ!!、大きくなるぞーウ!!」

　列車内の動揺は益々激しく、果てはいまにも横ざまに転覆するかと思うばかり強く揺れて、網棚に乗せてあるトランク、バスケット、洋傘の類まで、まるで生き物のように左右に混乱して飛び違い、窓硝子(まどがらす)はメリメリ破れて実に危険な状態に陥り、皆々先を競って車外へ逃れ出んものと焦燥(あせ)りましたが、大激動のため、立てば転び、歩けば倒れ、逃れ出られればこそ、辛うじて腰掛台の一端を両手でシッカリ握って危険物の散乱を防ぎながら、生きた心地もなく、激動の止むのを今か今かと念じて居りました。

　私の乗っていた箱は国府津からほとんど満員でしたが、この時はみんな私の様に中央の歩道に四ッ這いになって腰掛けの一端を両手でシッカリ握りながら、口々に怒鳴り喚いていましたが、刻一刻と動揺が激しくなりますと、いまはもう誰一人として口をきく者もなく、私も心に暗い大きな不安を抱きながら、それでも今に止むかとそればかり期待していました。

　ふと火の付く様な激しい泣き声に我に返って側を見ますと、ちょうど七、八歳の水色の簡単服を着た可愛らしい女の子が、お母ちゃん、こわいよう！こわいよう！と叫びながら、その母親と思われる三十七、八歳くらいの上品な婦人にしがみ付いているのです。婦人も真っ青な顔をして、一生懸命に腰掛け台につかまりながら、

「泣くじゃない、泣くじゃない、ミイちゃんはいい子、いい子よ！」となだめていたが、私と視線がぶつかると、

「あなた、止むでしょうか！、主人は!!、主人はどうなるでしょう！」と半狂乱に唇をワナワナ震わせる。

私は返事もうわの空で、フト背伸びをして車外を一瞥した瞬間、すぐ前の煉瓦造りの建物がドッと崩壊したのにギョッとして、うつ伏せになりましたが、その時、一町と離れていない根府川の大鉄橋の辺りで、轟!! という実に何とも名状し難い一種異様の大音響が起こったかと思った一刹那!! 列車は依然大激動を続けながら非常な急速度で奔りはじめた様に感じました。（これは後で分かった事ですが、大洞山が崩壊し、延々十数丁にわたる大山津波が押し寄せ、根府川大鉄橋の下に在る戸数二、三百戸の根府川村落を一瞬の間に埋没し、一方私どもの乗った列車を数十丈もある断崖から海の方へ転落させたのでした）。その時の心地

は！、この受難の洗礼を受けた者でなければ分かりませんが、あらゆる不安、恐怖が渦巻いて、暗い死にじっと直面している様な心持ちでした。

二秒！　三秒！　四秒！　瞬間列車の転落がハタと止み皆々ホッとしました。この時いち早くも数人の人がドヤドヤ私の前を通り、この死地より逃れるべく車外へ飛び出した様に覚えておりますが、気の毒にもこの人々は山津波のために一人残らず生埋めとなり、今もってその遺骨すら掘出せぬそうです。

間髪をいれずすぐ転落は続きましたが、今度は前より非常に激しく、殊に前車両か後車両かが何かに衝突したらしく、大震動を伝えて来て、私はつかんでいた腰掛を摑みきれず、ヒドク跳ね飛ばされ、何かの角でしたたか腰背部をぶつけました。

その時死にもの狂いで起き上り、フト気づくと、何時の間にか窓が頭の上になっていましたので、何かしら全身全霊をゾッとさせ、無我夢中で天井の窓口の方へしがみつき、幾度も跳ね飛ばされ突き落とされながら、天井の硝子窓から外へ逃げ出ようと、必死にもがいている中、実に今考えても身がすくみますが、その硝子窓目がけて海水がドーッと滝の様に浸入して来るではありませんか!!

「もう駄目だっ！」私は奔騰する海水を頭から肩に浴びながら、その渦巻き流れ込む強い力に、窓際へかけた両手を幾度か放しそうになりながら、なお必死で摑んでいました。

ああ、あの時、私が絶望のあまり両手を窓際から放したらどうでしょう。列車内で奔騰狂乱する怒濤の渦巻きに捲き込まれて逃げ口を失い、気の毒な三百数十名の同乗者と同じ死の道を辿ったに違いありません。窓際へ両手をかけてじっと怒濤と闘っていたその忍苦の長かりしことよ！　二時間も三時間も経ったように思われました。

そしてそれから先は一切無我夢中でした。ただどうしたはずみか、両手をかけていた窓口が、ふと通常の位置にかえり、私は波の中で大きく眼を開いたまま、割合楽にその窓口から逃れ出たまでは覚えていますが、それからは気がボーッと遠くなり、今自分はどこで何をしているのかさえ分からなくなり、最後に誰か遠くの方で太鼓でもたたいている様な感じがして、無意識に足を蹴ったのでしょう、頭がポカリと海面へ浮かびあがった時は、ひどく眠気がさして手足が自由にならず、また海の中へ沈んで行きそうになりましたので、気を引き立て引き締めていました。

幾時間か海面を漂った後、ふと見ると身体は数丁沖へ流されており、列車はすでに影も形も見えず、先刻までは青々と草木の繁っていた山が一変して、延々十数丁にわたり全部無気味な赤土山と化しているではありませんか。実に夢に夢見る心地でした。意識がはっきりしてくると、海水を多量に飲んだので胸苦しかったが、水泳は子供のときから相当自信があったので、泳ぎながら着ていた着物を脱ぎ捨て、襦袢（じゅばん）一枚になって米神寄りの海岸へ漂着しました、午後の三時頃でした。

海岸の松の根の方へよろめきながらようやく辿り着き、ホッと一息ついていると、そこへ早川駅の駅長と駅員二、三名が遭難者救助に駈けつけて来て、用意してきた葡萄酒（ぶどうしゅ）を飲ませてくれ、豆入りの煎餅を頂戴したが、あの場合あの好意は実に嬉しく思いました。そうこうしている中、他の遭難者も一人二人と集まりましたが、ああ遂に私の隣にいたあの子供連れの婦人はその姿を現しませんでした。「主人は？　主人はどうしたんでしょう？」と叫んだその言葉、それは何を意味するか分かりませんが、あの可愛らしい子供の姿と共に、私には永久に忘れられない幻となってしまいました。

その夜、炎々と燃え盛る小田原の大火を眺めながら、打ち震える大地におののきつつ、十五、六人の遭難者と山中で一睡もせず夜を明かし、翌二日の午前四時という未明に他の人々と袂を分かち、単身私は熱海へと向かい、途中幾多の危難をおかしつつ根府川、赤澤、湯河原を経て、同日の午後二時頃、無事に帰宅する事を得ました。

私の父は大の日蓮信者ですが、九月一日のその日は虫が知らせたのか、朝から仏壇に向かって私のために祈っていてくれたそうです。私が万死に一生を得たのも、こうした父の信心に依って神仏の見えざる加護があったに違いないと私は信じております。(「汽車もろ共に海中へ」『十一時五十八分 懸賞震災実話集』より)

犠牲となった母子の様子なども綴られた悲痛な手記である。関東大震災ではいくつかの駅が大きな被害を受けているが、根府川駅のように、その場所から無くなってしまった駅は、他にない。

この時の状況を鉄道省の記録から見てみよう。對木の乗った真鶴行き列車は、機関車と客車数両が根府川駅ホームにさしかかったあたりで、揺れに襲われた。ホームには駅名を喚呼するために、駅手一名が出ていた。機関手が急ブレーキを掛け、後部車両にいた車掌も、客車についているブレーキを操作した。だが停止させることができないまま車体は脱線し左に傾いたところ、山側の崖から巨岩が落下してきた。あたりは濛々（もうもう）とした土煙に包まれ、蒸気機関車（977号機）と客車八両が線路もろとも、垂直落差四五メートル、距離にして七五メートルほど先の海へと滑り落ちた。

後ろの客車二両は連結器が切断されて海岸に横たわり、残りの車両は海中に沈んだ。海岸に残った二両の客車は、一度海中に落ちたが、その後やってきた津波で打ち上げられたという証言もある。駅舎、ホーム、官舎、構内の線路すべてが海へと滑り落ち、駅があった場所には、その南端に、線路の車止めが残っただけだった。海面には駅長官舎の屋根だけが浮いていたという。

この列車には、駿河銀行（現スルガ銀行）の創業者である岡野喜太郎の妻と三女も乗っていた。彼女たちは、沼津の自宅から国府津経由で湯河原温泉に行く途中、運悪く乗り合わせ、死亡した。九月一日は駿河銀行真鶴支店開業の日で、夜は湯河原の天野屋旅館でその披露宴が行われる予定だった。「どうだい、お前たちもいっしょに温泉に泊れば」と喜太郎が誘ったという。喜太郎は当日朝、「自分は後の汽車で行くから、二人は早く行って、ゆっくりお湯に入っているといいよ」と、この列車に乗ることを勧めたのだった。

同列車には前部車掌に小笠原忠、後部車掌に永山三郎が乗車していた。また真鶴十三時三十二分発の上り一二〇列車に車掌として乗務するため、川本邦義、小竹武夫及び見習い車掌の山田時三郎も乗車していた。以下小笠原車掌の報告によると、小笠原が海中から浮かび上がると共に、機関手の椎野某（名前不詳）と乗客の女性一名も浮かび上がってきた。小笠原は女性の手をとって、岸にたどり着く。上を見ると無事だった乗客二、三〇名が集合していた。そこへ永山、川本、小竹の各車掌もやってきて、無事を確認しあった。見習い車掌の山田の姿は見当たらない。非番で構内の駅長官舎にいた山本吉之亮駅長と同夫人も、官舎ごと海に押し流されたが無事であり、ここで合流した。

ここに集まっていた乗客の一人、国府津村でミカン商を営む中上某に、付近にいる生存者の名前の聞き取りを依頼した。中上は皆の姓名を聞き回り、国府津駅長に通知するためにすぐにこの場を出発した。また小笠原、永山、川本、小竹、椎野たち乗務員と乗客一名とで、近くの駅に救助を乞うこととし、午後四時頃、隣の早川駅へと向かった。線路を歩けば四・四キロの道のりだが、路盤が崩れていて難渋し、二時間をかけて二・五キロほど歩いた途中の石橋村で、村人たちから炊き出しを受ける。小竹、椎野、乗客の一人はすぐにまた出発し早川駅を経て小田原駅へと歩いた。小笠原、永山、川本は疲労が甚だしく石橋村で一泊し、翌日朝八時、早川駅に到着した。

下り一〇九列車の乗客乗務員の被害状況をまとめると、手記で書かれた数字とは異なるが全乗客約一五〇名のうち、九死に一生を得てそのまま立ち去った乗客数名と重傷を負って早川駅で救護を受けた者が計約三〇名、付近を航海中の発動汽船に救助されて小田原で医療を受けた重傷者一三名、それ以外の約一〇〇名が死亡または行方不明となった。機関助手は行方不明、山田車掌の遺体は、事故現場から一〇キロ以上離れた国府津海岸で発見された。

また根府川駅にいた乗客、送迎人のなかで生存者はいなかった。この時、早川駅の予備助役勝又磯吉が助役業務に来ていてホームで列車を待ち受けていた。出札掛の川口は駅舎で出札中、そのほか駅手一名がホームに、炭水夫の本多が給水所にいたが、皆殉職した。線路の切り替えポイント(転轍)の扱いは皆手動なので、このほか構内東京寄りと真鶴寄りに転轍手が一名ずついた。彼らも犠牲となったものと思われる。駅手一名が無事だったという資料もある。どの駅でも同じだが、当時は駅常駐の鉄道員の人数が多い。現在の根府川は無人駅である。

もうひとり、根府川集落から比較的近くの村に住む米山菊太郎も、同列車に乗っていて海中に転落した様子を手記にしている。それによれば、列車がごろごろと転がっていくのを感じた後、気がつくと列車の中に激しく水が飛び込んできた。海面に出ると、周囲にはたくさんの材木が浮かんでいる。波が強い中、材木に揉まれるようにして泳いでいるのは危険なことを、経験上知っているので、まず必死になって沖へ向かって泳いだ。夏は毎日アワビを獲るために海に出ていたほどで、泳ぎは得意だった。そして沖で津波に遭う。

大波を見つけると同時に自分は「もう助からない」と思ったが、波に慣れた者の癖で、すぐその大波をめがけて突き進むと、三角のてっぺんから落ちてくる白泡に巻き込まれてはたまらないから、アワビ獲りで慣れているもぐりで、その前に波の底に潜り込んでしまった。そして二度も浮かび上ろうとして、巻き込まれてまた潜ってから、三度目に顔を出した時には、息が咽喉まで詰まって、その苦しさのあまりどうにでもなれと思った。が、その時には一波すんだところで、嬉しいというよりか、青い空にでも浮き上がったような気がした。

大波を数回やりすごし、頃あいをはかり、土崩れがしていない海岸を目がけて泳ぎ上陸した。そこには三〇人ほどの人達が集まっていた。ここで後から考えると可笑しかったのは、皆、大地震が起きたとは思っていず、駅だけが地滑りにあったと思いこんでいたことだった。そこで話をしていた五十歳くらいの商人風の男が、ここにいてもしかたがないので帰るというので、米山も、

自分もその後について、林を分けて上に攀じ登った。そしてよく見ると、汽車

の道はすっかり崩れて通れそうもないので、人道が山の方に通じているのを行くことにした。その商人風の男の人は小田原の者であった。「だから鉄道省はいけない」、その人はしきりに駅の不正工事のことを攻撃して、このことは必ず鉄道省に持ちだしてやる、と憤慨している。自分もすこぶる同感で、道々崩れている所があって、道でない畑や林を通らなければならなかった癖に、大地震とは少しも考えない。

山の上まで来ると、小田原、大磯などが見渡せる。

「火事だ！」二人は茫然としていたが、すぐに一緒に叫んだ。「こりゃあ大変だ」「大地震だ」。自分の村はそこから、米神をこえての次である。そして向こうから来て呼ぶ者があるので、見ると弟と友人で、汽車の落ちた話が伝わったので、自分を心配して駆けつけてきてくれたのである。米神に辿り着くと、ここでは村の五分の一ほどが山津波に埋まって、鉄道線路の上の家（線路より山側の家）は一軒も見えない。岩や土や樹がその上にかぶさって、みんな死んだというのである。自分は恐ろしいのよりか、ぼんやりしてしまったが、それからまた山を越えて村に帰るとともに、怪我と疲れとですぐ倒れてしまった。

（「気がついた時は海の中」『十一時五十八分　懸賞震災実話集』より）

列車から海に投げ出された乗客は、やはり相当泳ぎがうまい人でないと助からなかったようだ。根府川駅の地滑りが、地震によるものではなく、鉄道省の手抜き不正工事のためと、何人もが思いこんでいたということも興味深い。後に東海道本線となる国有鉄道の小田原〜根府川〜真鶴間が、熱海線という名称で開通したのが、震災前年の大正十一年、震災時も真鶴〜湯河原〜熱海間が工事中である。「だから鉄道省はいけない」という言葉に普段から下請業者も含めた不正工事などの噂が立っていたことが推測される。

根府川駅近く、白糸川の谷あいに根府川集落があった。震災当時小学四年生だった内田一正は、家で昼食を食べた後、近くの知りあいの家へと走っていった。自宅の斜め頭上には、前年に出来た熱海線白糸川橋梁（鉄橋）がそびえている。長さ一九七メートル、高さ二〇メートルほど。三連のアンダートラスが美しい複線鉄橋で、後に再建された現在の同橋は、近年線路脇にフェンスが張られる前まで、列車撮影のスポットとしても名高い場所だった。

内田少年は、その家の大きな戸棚の中に潜り込み、ローソクを灯して、自分で作った幻灯機を映し、夢中になって遊んでいた。友達は皆連れだって、いつものように一

震災前の白糸川橋梁。現在もほぼ同じ形の橋梁が同地に架かる

目散に近くの海へ遊びに出かけたようだった。成人した後、彼は、関東大震災の際、白糸川を下った大量の山津波に関し、渓谷のカーブ部分で泥流が左右に遠心力で踊るようにして流れていった様を綿密に調査していく。それによって泥流の量や達した高さ、速度を推定する。長男の内田昭光さんに話を伺うと、

「父は十歳の頃から、みんなが海で遊んでいる時、幻灯機を作っていたりして、科学的なことが好きだったんですね」

大地震発生の際、ここではそれが生死を分けることとなった。激震が始まると、内田少年は戸棚から這いずりな

山津波（写真手前）で破壊された白糸川橋梁。崩れ落ちた橋のトラスが見える。橋のすぐ先（写真奥）に根府川駅があったが崩れ落ちて跡形もない

がら座敷に出て、揺れがややおさまるのを待って家に帰った。自宅の庭に出ているとしばらくして、「山が来た！」とのかすかな叫び声を耳にした。

「寒（かん）の目（め）山が来た、逃げろ」

おじいさんの大声が聞こえた。家のすぐ近くを流れる白糸川の、対岸やや上流にあるのが、寒の目山である。咄嗟に、山そのものが動いてこちらに押し寄せてきたと感じたほど、大量の土砂が白糸川の渓谷を埋めるようにして流れ落ちてきた。

大声に促されて、内田少年は桑畑の上の方へ三〇メートルほど走り、振り返ってみると、今までいた自分

の家はもちろん根府川集落の多くが、やってきた赤土に飲みこまれていた。同集落一五九戸のうち七八戸が埋没した。死亡者は二八九名。この山津波は白糸川上流四キロにある大洞山の崩壊により起き、わずか五分で海まで達する速さで白糸川を駆け下ったという。時速五〇キロ近くであり、その破壊エネルギーは凄まじく、熱海線の白糸川鉄橋をいともたやすくなぎ倒した。同鉄橋は、コンクリート造りの橋脚六本のうち五本が切断され、橋脚三本と橋桁一本は、一〇〇メートルほど下流の海中に没した。この橋脚や橋桁は、大きくて頑丈な構造物にもかかわらず、その後の調査でも行方不明とされた。

現在東海道本線の電車に乗っていて、根府川駅を出てすぐ渡る白糸川の渓間を見下ろすと、畑や人家ののどかな光景が目に入るだけで、かつて惨劇があったことなど、何も感じさせない。だが、山津波の激流で跳ね上がった赤土は、鉄橋より少し上の山腹にまで、はっきりと爪痕を残した。そうした場面を想像すると、惨害の規模を実感できる。白糸川の河口近くの海で遊んでいた小学児童七二名も全員死亡した。山津波に巻き込まれたり、それが海に達して起きた大波や地震による津波の犠牲となった。

對木の手記では、白糸川を下った山津波と根府川駅が崩落した地滑りとが、場所が隣接しているため混同されているが、実際は別々に起きたものだった。内田一正の研究によれば、根府川駅の地滑りの起点は駅の背後約一〇〇メートルの崖上にある小学校のあたりで、そこから駅構内もろとも足下が陥没し四五メートル下の海へ滑落していったという。

どうしてそんなことが起きたのだろうか。根府川駅構内は、崖上の台地にある。海岸付近から見ると、その崖の断面に、今でも地下水が盛んに流れ落ちる層がある。「父は、地元の人間だけありいくつもの異なった土質の地層を念入りに歩いて調べていって、地滑りの原因は根府川駅付近の地下水の層にあると断定しました。地下水の上にあるケイ酸土層が激しい振動でそっくり押し出され滑り落ちた。そのケイ酸土層の上に根府川駅があったのです。水が潤滑油のような役割をしたのですね」（内田昭光さん）

もう一本の列車、東京行き上り一一六列車の状況は次のようだった。真鶴駅を定時に出発し、白糸川鉄橋のすぐ手前の寒の目山トンネル内を走行中に激震に遭う。真鶴駅には機関車の向きを変える転車台がないため、蒸気機関車（979号機）は後ろ向きで客車六両を牽いていた。機関車がちょうどトンネルの出口にやってきた時に坑門の外側で土砂の崩落が起き、機関車は埋没、乗務員二名が死亡する。同機関車は、炭

寒の目山トンネルを出た所で、崩落した土砂に突っ込んだ真鶴発東京行き列車の機関車。後ろ向きで列車を牽引していて、客車はトンネルの中で無事だった

水車の付いていないいわゆるタンク型機関車で、バック運転だと運転室が機関車のほぼ先頭近くになる。バック運転でなければ、乗務員は助かったかもしれない。客車は六両ともトンネル内にあって、ここではまず乗客全員が無事だった。

長さ約三六〇メートルの同トンネルは、中でカーブしていて、客車が停まった位置からは、後方の真鶴側の出口は見えない。前方の根府川側の出口は土砂で埋まっている。中では土砂崩れなどの轟音がこだましていただろう。乗客は、トンネルが潰れ生き埋めになるのではないかと、パニックになった。この列車の後部車掌は松江軍一、前部車掌は原田清丸、それに新橋運輸事務所の鈴木壽三と伊藤某も乗車していた。彼らは乗客を落ちつかせ外へと誘導した。近くの根府川側は危険だと判断し、真鶴側へと出た。乗客がトンネルを出てすぐに余震があり、真鶴側坑門付近で山崩れが起きてしまう。保線係員などの職員も同トンネルにかけつけていたようで、旅客数名と職員六名が、ここで死亡または行方不明となった。犠牲者は出したものの、この時の沈着な行動が評価され、後に鉄道省から鈴木が最高の金百円の効績（こうせき）賞、松江、原田が七十円の効績賞を受けている。

海中に転落した下り列車の機関車は、昭和七年になって引き上げられた。同機関車はその後スクラップとなったが、この977号機（明治二十二年ベイヤー・ピーコック製）のナンバープレートは、埼玉県さいたま市の鉄道博物館に展示されている。転落の衝撃で金属板が歪んでいるのが印象的だ。

同じ昭和七年には、根府川駅の北方一〇〇メートルほどの線路の下、県道の脇に、岡野喜太郎が「大震災殃死者菩提」の五輪塔を建てた。また、根府川駅には、改札口横の比較的目立つところに、震災後五十年の節目に作られた「関東大震災殉難碑」が立っている。取材で何度か根府川を訪れたが、いつもこの碑の脇に、花が手向けられていた。

（なお、根府川での鉄道災害に関しては、大震災の混乱した中での大事故だけあって、鉄道省による関東大震災の公式報告書である大著『国有鉄道震災誌』でも記述に整合性がとれない箇所があり、『東京車掌区80年史』など国鉄内の組織が編纂した他の本とも内容が異なる部分が多数ある。個人名もどちらかの本が誤植といったものも見受けられる。車掌名は『東京車掌区80年史』の記述を採用するなど、適宜の判断を行って記述してみた）

地震当日午後、近在からの避難民で溢れる上野駅前

第2章

巨大ターミナルと群衆

1――東京駅「早く線路に飛び降りろ！」

正午まぎわの東京駅、いつものように8620形蒸気機関車が、和食堂車も連結された一四両の客車を従えて、もうすぐ上り用第三番ホーム（五・六番線）にゆっくりとすべりこんでくるはずだった。前日の午前十時十分、始発の下関を出た急行六列車である。乗客の中には、関門連絡船から乗り継いでの九州からの者や、釜山から下関への関釜連絡船を利用しての、朝鮮半島からの者も多くいた。京城（現ソウル）からの乗客は、前々日の朝七時十分に発車してからの、まる二日間以上の長旅である。

到着予定時刻は十二時五分。その十分くらい前、ホーム上には、出迎え客四〇名ほどが集まっていた。東海道の長距離急行列車の到着ながら、出迎え客の数が当時としては比較的少ないのは、この列車が三等車のみ連結された「三等急行」のためだろう。この時代、まだ特急や急行に愛称が付いていないので、便宜上、列車番号や等級などで列車名の代りとしている。花形列車で名士の利用が多い「一・二等特急」の到着の時には、盛大な出迎えの光景がホームのいたる所で見られた。

被害のあった東京駅第3番ホーム。写真右の荷物車が停まるのは、ホーム北端の引込線。写真奥のホームでも屋根が落下している

隣の下り用第四番ホーム（七・八番線）では、十二時二十分発、明石行き普通二七列車が、機関車の据え付け準備が遅れたせいで、いつもより遅く十一時五十分頃入線してきている。このホームは、まだ乗客が入れないように規制されており、人影は見えない。ホーム下の薄暗い通路では、明石行きに乗る旅客約三〇〇名が、乗車開始の合図を待っていた。

その時突然、地鳴りと共に、激震が始まった。第三番、第四番ホームとも、金属がきしみあう不気味な音が響き渡り、ホームの屋根が崩落してきた。木製の屋根を支える鉄製の柱や梁が折れたためだ。鉄製といっても、鋼鉄よりも脆い鋳鉄(ちゅうてつ)によるものだった。

第三番ホームの屋根は、丸の内側の五番線方面へ、横に傾くようにして倒壊してきた。ホームでは、急行六列車の出迎え客が悲鳴をあげた。この時、このホームにいた助役と警手が咄嗟に、六番線側を指して「こっちの線路に飛び降りろ」と大声で叫んだ。長いホームを走りながら、何度も「こっちの線路に飛び降りろ」と声を限りに叫ぶ。出迎え客も、老若男女、メリメリと落ちつつある天井を見上げ、ホーム下の線路を見やり、ある者は一目散に、またある者は左右を見て列車の進入を気にしながら次々と飛び降りた。年配のご婦人を抱きかかえるようにして線路に降ろしている者もいる。そのおかげで、ホームの屋根は完全にペチャンコになりながらも、わずか二名の軽傷者を出しただけですんだ。

隣の第四番ホームに入線中の明石行き列車の乗客は、どうしていただろうか。それを見る前に、東京駅の構造にふれておきたい。

まず現在と決定的に異なるのは、東京駅の改札口が丸の内側にしかないことである。反対の八重洲側、現在新幹線のホームがある辺りは、客車収容線や機関庫があり、旅客が通れる通路や跨線橋などは存在しなかった。

丸の内側には、大正三年竣工、長さ三三五メートルの赤煉瓦駅舎が立っている。その駅舎内、正面に向かって右の南側（有楽町側）ドーム下に乗車用改札口が一カ所、同じく向かって左の北側（神田側）ドーム下に降車用改札口が一カ所、このほか駅舎の中央付近に電車客用の出口改札が一カ所設けられていた。広い東京駅の中に、改札はこれだけしかない。現在の東京駅には、新幹線用を除いても丸の内側、八重洲口側、合わせて十以上の改札口があるのとは、まるで状況が異なっている。駅舎中央の車寄せがある部分は、皇室専用の出入口とされていた。

ホームは、赤煉瓦駅舎寄りから山手線、中央線、京浜線（現京浜東北線）の電車線用としてやや短い二つ、さらに東海道本線用に長い二つ、これらが並んでいる。ホームの下に、改札口からホームへの通路があるという基本構造は、現在と変わらない。

ホーム下の通路で待つ明石行き普通列車の客は、山手線などからの乗換客約一〇〇名と、東京駅の改札口を通ってやってきた客約二〇〇名とに分かれていた。東京駅警手の中島朋助は、この二つの乗客の列を、同時に列車内へと誘導するために、通路で誘導開始合図を待っていた。乗客全員が中島警手を先頭に、ホームへと上るわけである。

激震が起きると、何人もの乗客がホームへ上る階段へと駆け出してきた。また、中には天井を見あげながら、頭を荷物で庇って座り込んでいる人も多い。人々は、人に

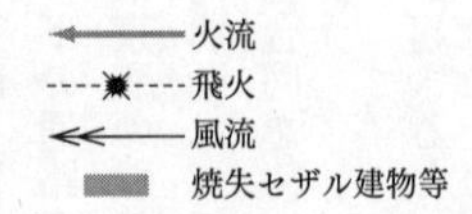

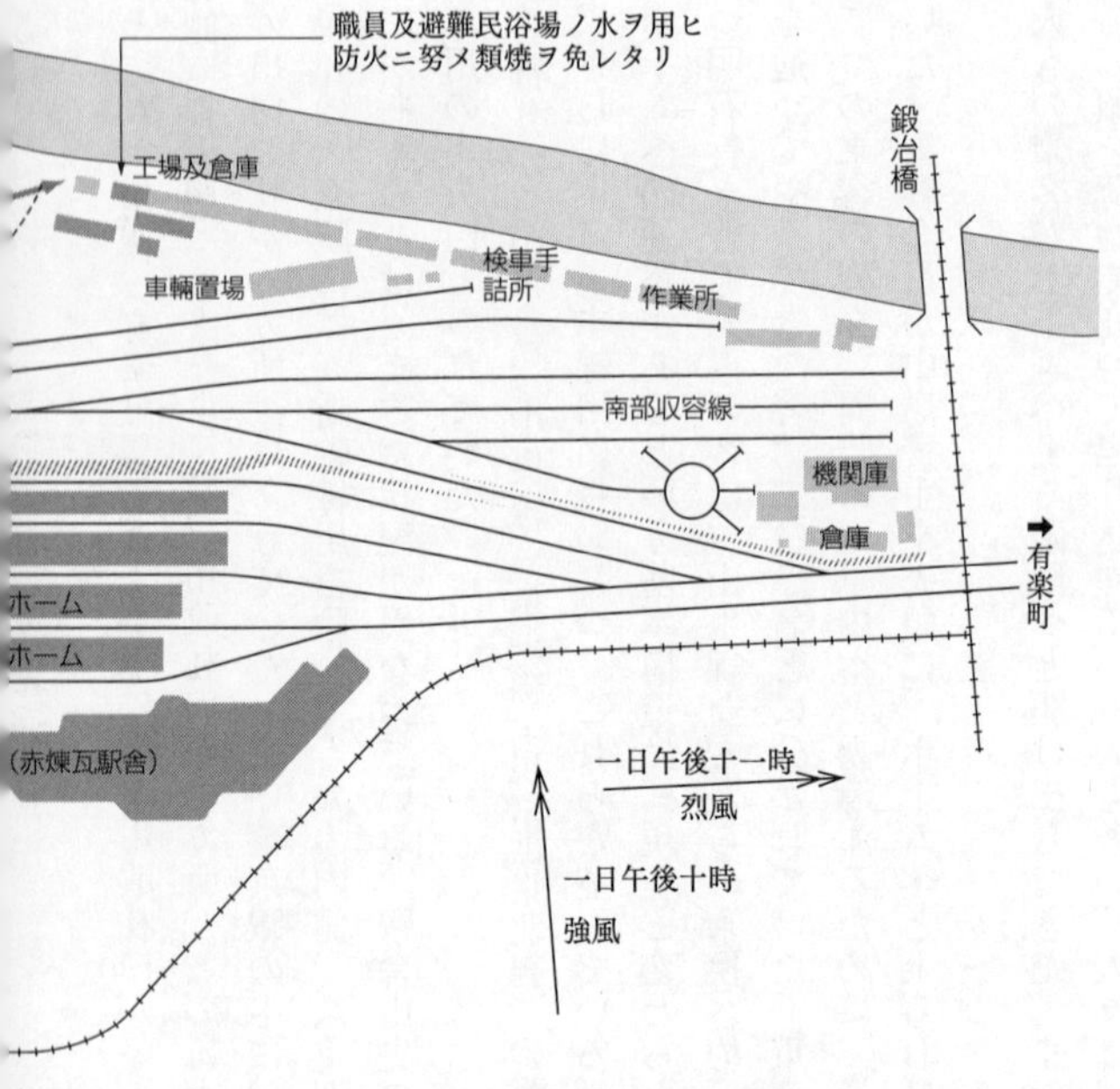

参考：『大正十二年鉄道震害調査書　補遺』

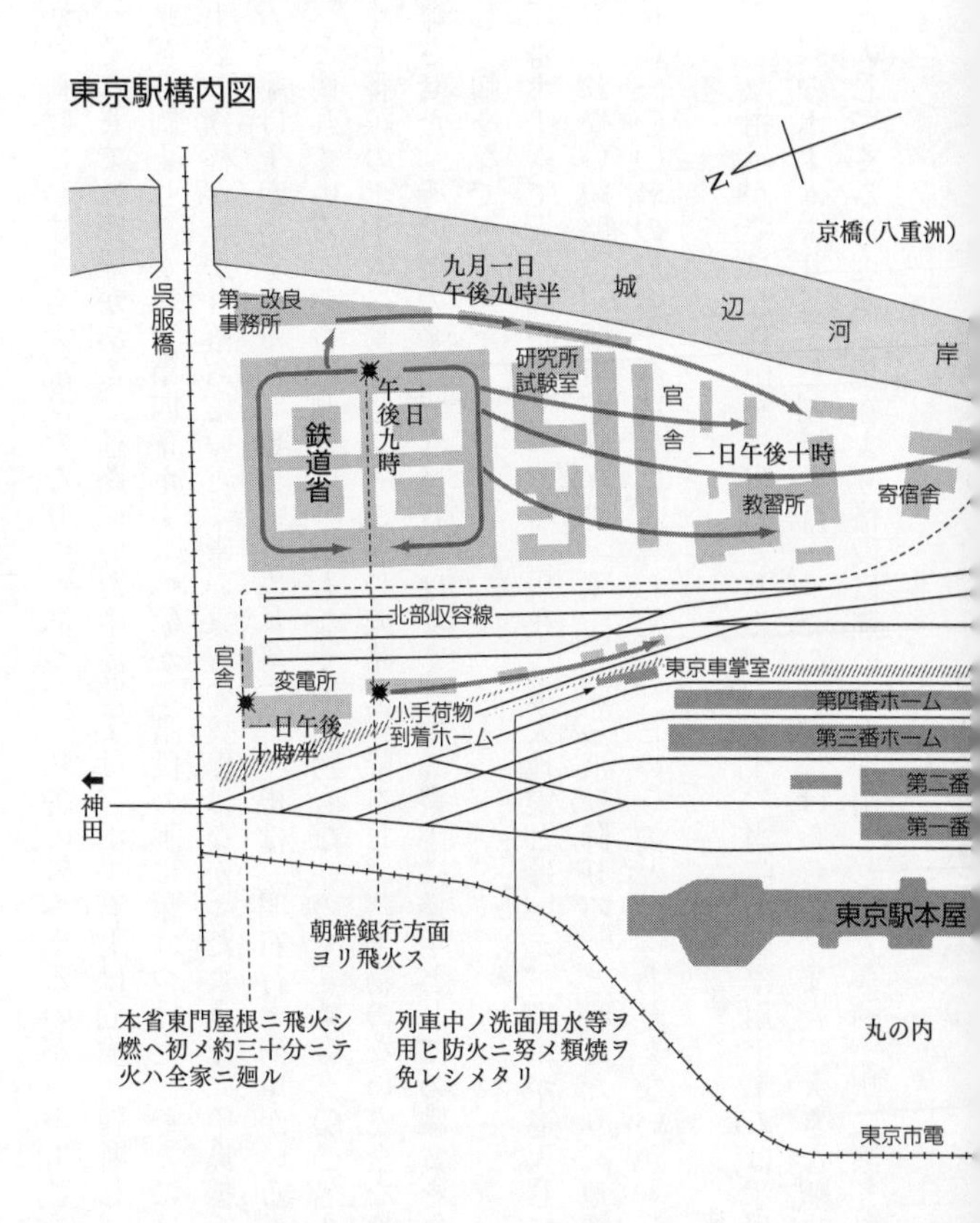
東京駅構内図
京橋（八重洲）
呉服橋
第一改良
事務所
九月一日
午後九時半
城
辺
河
岸
研究所
試験室
鉄道省
一日
午後九時
官
舎
一日午後十時
教習所
寄宿舎
北部収容線
官
舎
変電所
東京車掌室
一日午後
十時半
小手荷物
到着ホーム
第四番ホーム
第三番ホーム
第二番
第一番
神
田
東京駅本屋
朝鮮銀行方面
ヨリ飛火ス
本省東門屋根ニ飛火シ
燃ヘ初メ約三十分ニテ
火ハ全家ニ廻ル
列車中ノ洗面用水等ヲ
用ヒ防火ニ努メ類焼ヲ
免レシメタリ
丸の内
東京市電

ぶつかり荷物につまずき大混乱となりつつあった。駅舎の外へ出るのが一番よさそうだが、そこまでは距離がある。通路にいた中島警手は、ホーム上は危険と判断し、大声で乗客を制止しながら、第四番ホームへ繋がる階段の下に駆けつけた。そこにはホーム上家（うわや）の鉄柱が転がり落ちていた。幸い乗客の負傷はなかったようだ。中島警手がホームへ駆け上がってみると、事務室は崩れ落ち、屋根は、明石行き列車がいる八番線側へと倒れている。七番線側には列車もなく倒壊物もないので、乗客三〇〇名をすばやく七番線のホームへ誘導してそこから線路上へ降ろし、落下物のない安全な地点へ避難させた。その後の余震でも怪我人はなく、中島警手は警手としての職責を無事こなし、胸をなで下ろした。

第三番ホームでも第四番ホームでも、現在なら大地震とはいえ、列車が進入してくるかもしれない線路に、駅員が咄嗟に「ホームから飛び降りろ」と叫んだり、地震のすぐ後に三〇〇名の旅客を線路上に誘導したり、ということは、ありえないかもしれない。

そうした指示ができた理由を推察してみると、まず、当時の客車用ホームは、現在のJR線のホームより二〜三割ほど低かったことが挙げられる。また、大きな駅に列車が進入してくる速度が、現在より格段に遅いのも理由として大きい。駅に漂う風格を列車全体で味わうようにして、ゆっくりとホームへ入ってくる。当時の機関車と現在の電車との加減速性能の差もあるし、ホームが多数ある駅では、線路が分岐するポイントの箇所が多く、そこで減速を強いられるためだ。地震発生直後に東京駅で起きた事は、マニュアルでは想定しようもない事態である。その中で、ホームの旅客に即座に的確な指示を出し、乗客に一人の負傷者も出さなかった東京駅の助役たちの行動は高く評価され、後に鉄道省から効績賞を受けている。

激震に襲われた瞬間から、山手線、京浜線、中央線の各電車は、すべて停電により動けなくなった。東海道本線では、下関からの急行六列車が、一つ手前の新橋駅に到着していた。こちらは蒸気機関車牽引のため停電になっても走れたが、新橋〜東京間の線路の安全を確認しているうちに、沿線に火災が起き、新橋駅で運行を打ち切った。この後、東京駅への到着列車は、数日間途絶える。急行六列車の乗客は全員無事だったものの、この機関車と客車はこの後、悲劇的な運命を辿ることとなる。

地震と共に、赤煉瓦駅舎の中にいたほとんどの職員は、一斉に外へ飛び出した。大地震が起きたら建物の外へ出る、というのは、大地震が何度か起きた江戸時代以来、合言葉のようになっていた。そんな中、この年の三月に二代目東京駅長に就任した吉田十一（そいち）は、駅長室の自分の椅子に腰をかけたまま、泰然自若としていたという。「吉田駅長が部下を叱っているところを見たことがない」といわれるとおり、穏やかな顔をした駅長だったが、駅長室から逃げなかったことが後日話題になった。人に聞かれて吉田駅長は、「人間死ぬ時はどこにいても死ぬものです」とぶっきらぼうに言ったそうだ。大嵐により沈みそうな船の船長と同じで、駅長たるもの、駅と運命を共にするものだ、と思っていたのかもしれない。

地震発生から午後三時過ぎまでの間、東京駅では、比較的平穏に時が流れた。赤煉瓦駅舎は、その八九年後の平成二十四年に復元された姿のとおり、丸味を帯びた大ドームを左右に構えて、ビクともせず端然と立っている。この大ドームが焼け落ちたのは、昭和の太平洋戦争時の空襲によるものだ。帝都の様子として、多くの人が後に手記で、「地震発生からしばらくの間は、いくら何でも、あれだけの大事になろうとは思わなかった」と述べている。当初火の手は比較的緩慢で、晴れた空に強い風が吹いていただけだった。

鉄道関連の業界新聞『鉄道時報』（大正十三年一月一日号）では、記者がその時の東京駅の様子を振り返り、

「九月一日の午後三時（地震三時間後）、記者が東京駅へ行くと、駅長吉田の十一さんは、あの偉大な体肥をドッシリ、暗いような明るいような駅長室に据えて、『はあ

ー』とばかり、いつも通りの言葉少なに、『ホームが二本壊れただけです』とのみ平然たるもの」と記している。これは震災翌年の元旦号の記事なので、せめて正月だけでもお屠蘇(とそ)気分の紙面づくりをと、ややのんびりとした調子の書きっぷりになっているが、実際、駅長の気の抜けたようなため息は、一日に電車六四〇本、東海道本線列車七〇本(大正十二年一日平均)が発着する東京駅の機能が完全に停止してしまい、ある意味諦めの境地だったのかもしれない。

さらにこの記者は、四時頃に東京駅待合室を覗く。そこでは、「二十人ばかりの人々がのんきそうに、出もしない汽車を待っていた」と筆を進める。東京駅舎の中にある東京鉄道局へ行くと、文書課の部屋では、大江庶務課長と長瀬興二郎人事係長を囲んで数名の職員が、何かを待っているようにして談笑さえしているのを目にする。運輸・工務・通信の各課長が机を囲んで何やら熱心に話しているので、声をかけると、「田町駅の陥落と東京駅ホーム二本の屋根の倒壊しか分かりません」との答え。

「えっ、田町陥落?」

「見込みが付かないけれど、大分ひどいらしいのです。目下全力をあげて調査中ですが…」

記者は、この時初めて事態の重大さを感じ始めたと、記事であかしている。そしてしばらく汽車は動かないと、はじめて確信した。田町陥落とは、浜松町〜田町間で、線路が陥没したことだと後になって分かる。

赤煉瓦の東京駅舎とはホーム群をはさんで反対側に、鉄道の総本山、鉄道省の本庁舎が立っていた。鉄道省は、国有鉄道全体の運営と、国内私鉄全社及び南満州鉄道などの監督を任務とする。いわば現在のJR全七社と国土交通省の機能の一部をも含んだような巨大な組織である。

本庁舎では、土曜日の正午近くということで、多くの人がすでに帰り始めていた。木造の古くて大きな建物だったので、赤煉瓦駅舎とは違って相当に揺れた。中にいた職員は、机のふちを一生懸命押さえているのだが、机がずるずるとすべって手から離れてしまう。電燈の線がブランコのように揺れ、しまいには電燈が天井に当たりパンパンと割れ、ガラスの粉が降ってくる。壁の一部も倒れて来て煙のような砂ぼこりに室内は包まれた。省内に残って仕事をしていた職員も、自宅や家族を気づかってほとんどがすばやく帰宅していった。余震も起きているので、一部の幹部たちは、金庫に鍵をかけた後、鉄道省の建物より安全な東京駅赤煉瓦駅舎へと避難し、そこで善後策の協議を始めた。

鉄道大臣官房文書課員、二十歳の古宮由雄は、鉄道省の中で、自分よりエライ者が、ほとんどいなくなってしまったことに気づいた。古宮も、大きな揺れに驚いたものの、まさか南関東一円の鉄道がストップしてしまうほどの事態だとは、まだ感じていない。

本省では、通常三〇〇〇人ほどが働いている。後に長女の古宮節子に語ったところによれば、地震当日、本省の職員食堂に昼食のためのカレーがたくさん作ってあったので、それを道路に運び出して、避難してきた人へ振舞ったという。鉄道省の前には高級車がたくさん並んでいたので、焼けてしまうともったいないから、行けるところまで走って逃げろ、と運転手に言ったともいう。ただし、車は道路が避難民でいっぱいのため都心から出られず、三時間くらいで戻ってきた。鉄道省でも発生当初は、被害の様相が摑めていないし、省内に切羽詰まった感はなかった。

ここまで、すなわち火災が迫る当日の夕方までが、東京駅の関東大震災の、いわば第一幕である。

東京駅が、地震発生当初は、まだ緊迫した状況ではなかったのは、赤煉瓦駅舎の存在と、特異な駅前環境にもよっている。約半年前の大正十二年二月二十日、東京駅と駅前広場を挟んで向きあう形で、最新式、鉄骨鉄筋コンクリート造りの丸ビルが完成した。地下一階、地上八階建て、ビル内の就業人口は五〇〇〇人を超える巨大なビル

震災前の東京駅（上）と、同駅前（下）。中央が大正12年２月竣工の丸ビル、その右奥が同年５月竣工の郵船ビル

である。昭和戦前期まで「東洋一の大きさのビル」ともいわれた。平成十一年に取り壊されたが、同じ敷地に立つ現在の丸ビルは、平成十四年に竣工した二代目のもの。また、大正十二年五月には、丸ビルの隣に郵船ビルが竣工、その北側には東京海上ビルがすでに威容を誇っている。東京駅の正面から皇居へと一直線に伸びる行幸通りは、これらアメリカ式の白亜のビルが立ち並び、「一丁紐育（ニューヨーク）」と呼ばれた。

このように関東大震災時には、三階建ての赤煉瓦駅舎よりはるかに背が高い鉄筋コンクリートのビル群が、東京駅の目の前に完成していた。しかしそれらに見下ろされても、東京駅の持つ風格が損なわれることはなかった。その理由は、「中央停車場」と呼ばれ、装飾性の高い赤煉瓦で身を覆い、他の巨大ビルと比べても南北に二倍以上の長さを持ち、皇居へと正対しているこの建物が持つ威厳のためだろう。震度六と言われる揺れに襲われても、長屋が軒並み倒壊してしまった東京下町とは異なり、東京駅前の丸の内付近では、工事中の一部のビルを除いて、建物の被害は少なかった。

駅前広場には、この一丁紐育へと通うエリートサラリーマンが行き交っている。大正の世になってから普及し始めたタクシーが、これほど多く客待ちしている駅も他にない。駅前の丸ビルは、一階と二階に商店街があり、「ビル内は公衆の出入り自由」としたことが、帝都の人たちの関心を集めてもいた。それ以前に建てられた近代的な厳めしいビルや、老舗の大店では、ビルや店の中へと誰もが勝手に入っていくなど、考えられもしないことだった。

東京駅の八重洲側の背後には、日本橋や京橋など、古くからの商人町、町人町が広がっているが、そこから駅への出入り口は前述したようにない。言い方を換えれば、駅自体が彼らを客として迎えることをほとんど拒んでいるような造りである。八重洲側に出入り口ができるのは、昭和四年まで待たなければならない。

ともあれ、東京駅の周辺は、他の東京のどこの場所とも異なって、震災当日夕方前まで、遠目に火災の煙が上るのを見ながらも、混乱することなく、異次元のような空間を保っていた。

2——上野駅　避難列車、発車できず

もう一つのターミナルの上野駅は、どうだったか。駅全体が地震翌日に焼失してしまうため、揺れによる倒壊の度合いについて、詳しい記録がないのだが、『上野駅史』の記述では、大地震発生と共に、「金城鉄壁を誇った我が上野駅」は、いたるところで壁が落ち、硝子が割れ、屋根も落ち、濛々とした土煙が構内に立ち込めるといった惨状を呈した。駅の待合室には、同駅十二時二十五分発高崎線・両毛線経由小山行き普通列車と、同じ十二時二十五分発常磐線原ノ町行き普通列車へ乗ろうとする乗客三〇〇人ほどが集まっていた。地震発生と共にこの乗客たちは、先を争って駅前の広場に逃げだした。

この時点の上野駅周辺の状況は、比較的

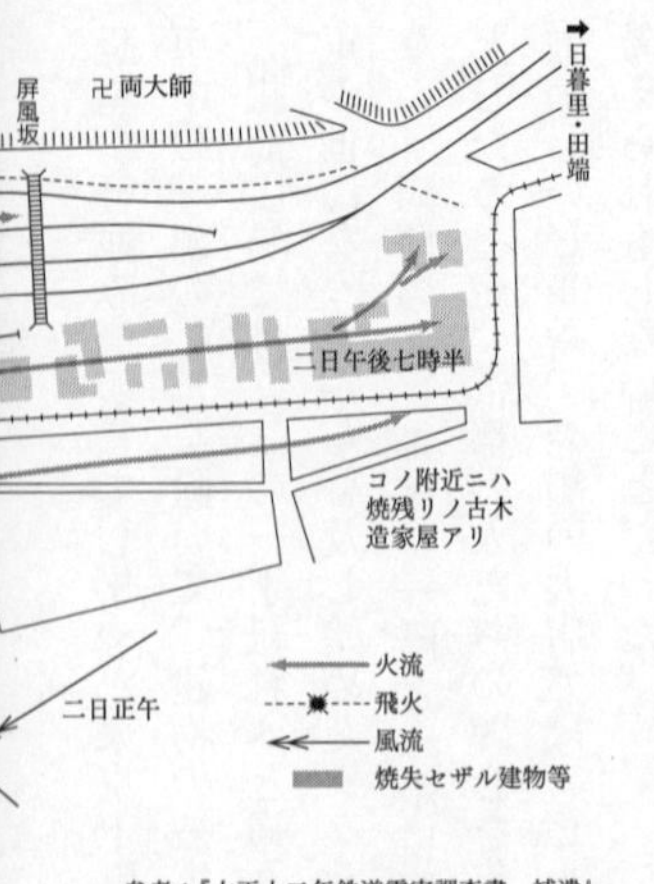

参考：『大正十二年鉄道震害調査書　補遺』

上野駅構内図

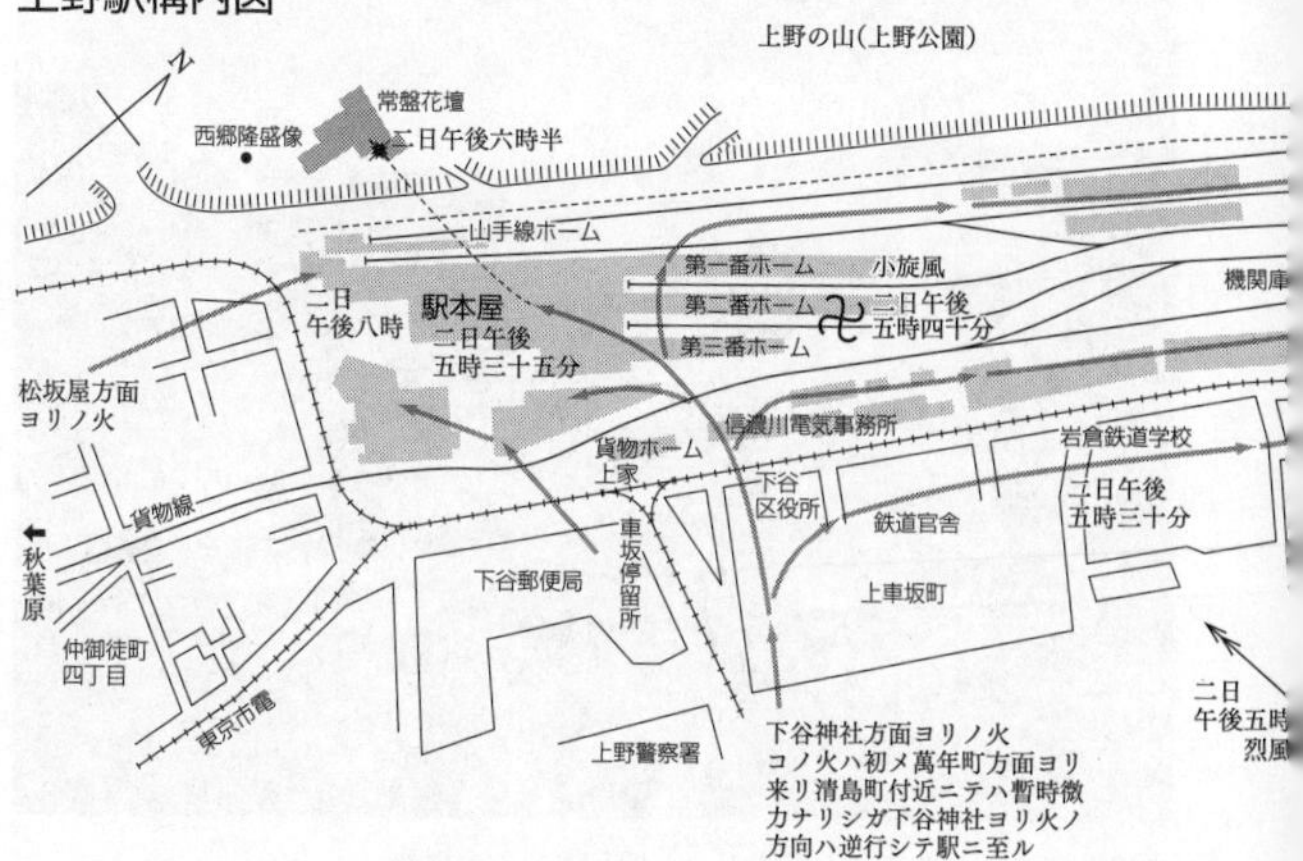

落ち着いていた東京駅周辺とはかなり異なった。駅前に並ぶ木造の商店の多くが倒壊し、その光景が人々に不安を与えた。近くの松坂屋百貨店が崩れたとの噂も飛んだ。この建物は実際には倒壊はしなかったが、東京駅前の丸ビルなど鉄筋コンクリートの近代的ビルに比べて、やはりひ弱な印象を人々に与えていたのだろう。大正六年竣工、松坂屋百貨店新館は、木骨石張り造りの四階建てで、その後の火災で鉄の門扉だけ残して全焼してしまう。

さらにこの両駅では、地震発生後の列車の運行状況も異なっている。東京駅では、地震発生後前述のとおり列車の発着は一本もない。上野駅では、日光発上野行き普通列車が、地震発生二分後の十二時〇〇分、

火災から逃れるため、上野の山へと押し寄せる大群衆

何と定刻に到着する。駅の至るところが崩れている最中の到着である。さらに、青森発上野行き普通列車が四十分遅れで十二時五十五分頃、汽笛を何度も鳴らしながら、上野駅ホームに入線してきた。

ちょうどその頃、上野駅の東北方面にあたる新吉原や入谷地区で火災が起き、その黒煙はしだいに激しさを増してきた。上野駅はすぐ西側が上野の山で、東側には浅草、新吉原、入谷など、繁華街や住宅密集地が広がっている。それらの地域から避難する人たちが、上野の山や不忍池、上野駅構内へと雪崩を打ったように押し寄せてきた。さらに、到着した列車の汽笛を聞いて、列車で逃げられると思った避難民も四方八方から詰めかけた。

上野駅員は、到着列車の乗客を建物が倒れてこない安全な場所へと、大声で素早く誘導する。また避難してくる大群衆には、列車の運転が不可能なことを声をからせて伝える。

一方、東北・常磐・高崎線方面を管轄する上野運輸事務所では、駅前広場にひしめく避難民を目の当たりにして、列車での避難輸送を検討する。十一時五十六分に赤羽を発車していた青森からの普通列車が上野に到着したということは、その列車は赤羽〜田端間で地震に遭ったはずで、少なくとも田端〜上野間の上り本線に支障はないことが分かった。この時点では、東海道本線方面との通信はまったく途絶していたが、上野〜新宿間、上野〜大宮間、上野〜我孫子間の電話は辛うじてつながっていた。その通信と現場点検により、田端〜赤羽間の線路も無事なことが確認できた。花村芳蔵上野駅長の談話（『鉄道時報』十月六日号』）によれば、上野十四時〇〇分発日光・福島行き普通二二七列車を定時に発車させた（最初に運行したのは十七時二十五分発二二九列車とする資料もある）。その後、赤羽〜川口町（現川口）間にある東北本線荒川鉄橋が、橋脚の沈下により傾斜していることが分かり、上野から埼玉県以北への直通列車運行の望みは断たれてしまう。常磐線も、隅田川鉄橋の橋脚に亀裂が走り、列車運行ができないことが判明した。

いつ発車するか分からない避難列車は、客車だけでなく機関車にまでしがみつくようにして乗る人々で、まさに極限状態

上野駅の東側、浅草方面の数カ所で上がった火の手は、風向きの変化により東進、西進様々だったが、おおむね西風や南風が吹き、上野駅とは逆方向に進んだ。上野駅はひとまず安全だと思われた。そのため、荷物を荷車一杯に乗せた者、背負えないほどの荷を背負った者などが、望みを上野駅に託すかのごとく、押し合いへし合いやってくる。上野駅は駅前広場だけでなく、構内まで群衆で埋まってきた。

この局面にいたり、上野運輸事務所の畑中四郎所長は、構内にあった東北本線と高崎線の二列車を、一本は赤羽まで、もう一本は田端まで、即座に運行するため、避難民を無賃輸送する決断をした。それに備えて昼過ぎから、上野駅にある蒸気機関車には、すぐに走れるようにカマの火を入れる命令も出していた。

関東大震災で、鉄道省が公式に無賃輸送を発令し、人々に告知したのは、震災二日後の九月三日である。この上野駅における震災当日の無賃輸送は、『国有鉄道震災誌』には、記載がない。同書には、各線の九月一日の列車の運行状況を詳細に記しているにも関わらず、当日の無賃輸送については、不思議なことにまったくふれていない。組織図的には、鉄道省の下部に東京鉄道局があり、その下部に新橋、上野、両国の各運輸事務所がある。当日の無賃輸送は、その事務所長による臨機応変の処置だった。公式記録に記載していないのは、鉄道省が許可していない現場の勝手な決定と評価されたためだろうか。一方、東京市役所の公式震災記録である『東京震災録　中輯』には当日の無賃輸送の状況が記されている。

避難民輸送と共に、上野駅構内では、物資の避難準備を始めた。構内の最も上野山寄りにあった西二番線では、十八時三十分発青森行き普通二〇九列車を、荷物列車代わりに利用して、金庫に入れた現金、国際運送会社へ引き渡し済みの配達手小荷物、重要書類を積み込んでいく。また、その東側、六番線に停留中の客車五両には、保管中の手小荷物、保線区や通信区の重要書類などを運び込んだ。構内の最も東側には、旅客扱いはしていないが、南の秋葉原へと貨物用線路が延びていて、そこに係留中の貨車五両に、購買支部の米、麦及び信濃川電気事務所の重要書類などを詰め込んだ。

様々な避難の準備を始めている上野駅の中で、持ち場を守り抜いている二十歳前後の女性たちがいた。二十余名の電話交換手たちである。各駅との連絡を取る電話は、混線なども起こして繋がりにくかったものの、列車を円滑に走らせるために不可欠な、まさにか細い命綱のようなものだった。この時代の電話は、電話をかけると交換手が出る。交換手が電話交換機で相手先の回線へと繋いだ。電話交換手が電話交換機の前から離れたら、連絡はいっさい取れなくなる。

電話交換室には窓がなく、昼間でも電気を点けている。大地震が襲い、室内は真っ暗になった。壁は落ち、重い交換台と交換台が揺れて衝突し物凄い音を立てた。若い女性たちは、たちまち色を失ってテーブルの下などへ逃げ込んだ。最も怖いのは、倒れてきた交換台の下敷きになることだ。実際に北条線（現内房線）安房北条（現館山）駅では、大地震の中、交換業務を続け交換台から離れなかった女性が一人、落下してきた交換台により亡くなった。名前は芳賀光子（芳賀光とする資料もある）二十歳。故人となった彼女は、後に鉄道省により、効績賞を授与され特別賞与金七十円を与えられている。

上野の電話交換室では、余震が続く中、提灯の灯りのもと、女性たちは交換業務を続けた。余震が来るたびに、火事を警戒して提灯の灯りを消した。真っ暗な中、恐怖に震えながら余震のおさまるのを待つ。揺れがわずかになると、また提灯の灯りをつけ、一人がそれを持ち、もう一人がその灯りを頼りに交換機の該当する箇所にプラグを差し込む。市中では各所で火事が起きていることが伝わってきたが、お互いに励ましあい、交換台を離れなかった。夜になると、リーダーの大倉せん（大倉せん子とする資料もある）は、五人の交換手と一人の電信係を連れて、谷中上三崎北町の自宅へ走った。お握りをこしらえて、二日未明に上野駅の職場へ運んだ。

上野駅からは、一日の地震発生後、避難民を田端方面へ輸送するため、三本の列車で一万人を無賃で運んだ。暗くなっても避難してくる人たちはさらに増えた。夜空が赤く染まり、人々の恐怖は頂点に達してきた。さしもの広い上野公園も人で溢れだし、入りきれなかった避難民が上野駅から隣の鶯谷駅、さらに日暮里駅にかけて、駅構内や線路上を埋め尽くすばかりとなった。そこへ上野駅から四本目の列車が発車しようとする。機関車は、線路上の群衆へどくようにと、汽笛を何度も何度も鳴らす。それでもどかない。どかないというよりも、あまりの混雑で荷物を線路上からどかせられないでいる人もいる。これ以上の列車の運行は、諦めるしかなかった。以下、後にその場面を振りかえっての畑中所長の談話である。

「赤羽までの列車の無賃輸送は、僅（わず）かに三回の運輸が出来ただけで、日没となり中止せざるをえなくなった。上野駅構内や線路上に溢れた避難民は、なぜもっと沈着に、交通機関というものを知り、前後を考えてくれなかったのであろうか。『諸君も、諸君の荷物も、最も安全な場所まで運んであげる。ここにいては、火災が迫りかえって危険であるし、列車も焼失してしまわなければならないから』ということを、いくら話しても、殺気立った人々は、てんで受け付けてくれず、構内から線路までいっぱいにふさがってしまって、機関車を動かして、我々をひき殺すつもりか、とばかりで、機関手を引きずり下ろして、はては、殴ってしまえ、という調子なのである」(『鉄道時報』大正十二年十月六日号)、まさに無念至極といった胸中が伝わってくる。

畑中所長は、地震発生の約一時間後に、敷地が比較的広い田端駅、赤羽駅構内の開放も命じている。この素早い決断も、後に新聞などで「大英断」と評価されている。

こうして震災当日、上野駅の夜は更けてゆく。駅から東の空を見るとそこは不気味な赤い色に染まっているが、火の手までの距離はまだ遠いようだった。駅周辺の群衆の数は、数十万人まで膨れ上がり、増加が止まる兆しもない。

大磯～平塚間で走行中に転覆した東京行き普通74列車

第3章

急停車した列車の運命

1――関東大震災、被害の全貌

ここではまず、関東大震災の概要を記してみたい。地震が起きた九月一日、関東地方南部では、前夜からの雨が昼前にはあがり、暑かった夏の終わりを告げるように、清々しい青空が広がっていた。「この分だと今年の二百十日は無事に過ぎるね」、人々は口々にこう語りあっていた。

翌日が立春から数えての「二百十日」に当たり、この日はよく大暴風雨になるとされてきた。遅く実のなる晩稲(おくて)の開花期に当たり、農家はとくに天候が気になる時期だった。漁民は、二百十日を気遣い、この日は、もともと出漁する者が少なかった。農業や漁業に従事する人が、今よりずっと多かった時代である。

中には不吉な予言をしていた者もいた。八月に鎌倉を訪れた芥川龍之介は、別荘の藤棚に、春に咲くはずの藤の花がたくさん咲いているのを見かけ、また池には春に咲くはずの菖蒲の花と夏に咲く蓮の花とが、同時に咲き競う不思議な光景を目にして、「どうもこれは唯ごとではない。『自然』に発狂の気味のあるのは疑い難い事実である。僕は爾来人の顔さえ見れば『天変地異が起りそうだ』と云った」（『大震雑記』）。芥川が鎌倉から東京に帰ったのは八月二十五日で、大地震はそれから八日目に起きた。友人の作家、久米正雄は、後に「あの時は義理にも反対したかったけれど、実際君の予言は中（あた）ったね」と話しかけている。

震源域は、神奈川県南西部から三浦半島、房総半島南部一帯で、マグニチュードは七・九。また、当時の震度には七という度数がないなど、現在の震度とは異なるのだが、家屋倒壊度などから現在の震度に当てはめると、神奈川県の藤沢、小田原、千葉県の館山などで震度七。都心や横浜は震度六強から六弱程度と推定されている。表2（67頁）を見ると、まず激震での家屋全壊が東京市で四二二二世帯、横浜市で九八〇〇世帯となっている。ただし、倒壊した後、広域火災で焼けた世帯は、全焼や半焼の世帯にカウントされ全壊の世帯としてはカウントされなくなっているので、実際の揺れで倒壊した家は、もっとずっと多かった。

しかし、東京での酸鼻の極みは、これから足かけ三日の間に起きる。震災での死者（行方不明も含む）は約一〇万五〇〇〇人。そのうち火災による死者が約九万一〇〇〇人にのぼる。東京の火災は三日になってやっと鎮火するまで燃え広がり、横浜、横須賀、小田原でも大火災が起きた。家屋の被害を受けた（全半焼・全半壊以上）者は二五四万人以上に達し、日本国の有史以来最も多くの被害者を出した地震となった（表1参照）。

人々は、江戸幕府開闢以来の大災害だった「安政の大地震」（一八五五年）と、江戸市街の六割が焼けたとされる明暦の大火（一六五七年）とが同時にやってきたような惨憺たる有様とも語りあった。

火災による被害があまりに凄まじかったので、これまで他の被害があまり語られてこなかったが、たとえば鎌倉の由比ヶ浜には六メートルとも九メートルともいわれる津波が襲っている。伊豆半島東海岸から相模湾にかけての一部、それに房総半島先端に大津波がやってきた。

世相を振りかえると、大正三年に勃発した第一次世界大戦により、国内は一時、大戦景気に沸き、多くの成金も生まれた。しかし大正七年に戦争が終結すると、その反動により不況の時代に突入。明治時代以来の藩閥体制が揺らぎ、政党勢力が進出し、まさに大正デモクラシーの時代だった。ラジオがまだなかったため、全国民が、帝都や横浜にどんな事態が起きているのか、またこれから翌日にかけてどんな危険が迫るのか、まったく分からない状況に置かれた。そのため日本の植民地であった朝鮮の人々が「井戸に毒を入れ放火して回っている」などのデマが溢れ、不安心理が増大し

表1　関東大震災被災者人数

	震災当時の人口	死者	行方不明	重傷	家屋全半焼・全半壊罹災者
東京府	4,050,600	59,593	10,904	8,773	1,555,778
東京市	2,265,300	58,104	10,556	7,876	1,383,849
その他	1,785,300	1,489	348	897	171,929
神奈川県	1,379,000	29,614	2,245	6,188	781,492
横浜市	441,600	21,384	1,951	3,114	328,615
その他	936,400	8,230	294	3,073	452,877
千葉県	1,347,200	1,373	47	984	96,620
埼玉県	1,353,800	280	36	207	50,312
静岡県	1,626,300	450	42	288	46,975
山梨県	602,000	20	0	48	14,614
茨城県	1,399,100	14	1	27	2,301
合　計	11,758,000	91,344	13,275	16,514	2,548,092

表2　関東大震災罹災世帯数

	震災当時の世帯数	被災世帯数				
		全焼	半焼	全壊	半壊	流失
東京府	829,900	311,962	366	16,684	20,122	0
東京市	483,000	300,924	239	4,222	6,336	0
その他	346,000	11,038	127	12,462	13,786	0
神奈川県	274,300	68,634	146	46,719	52,859	425
横浜市	98,900	62,608	0	9,800	10,732	0
その他	175,400	6,026	146	36,919	42,127	425
千葉県	262,600	478	0	12,894	6,204	84
埼玉県	244,900	0	0	4,562	4,348	0
静岡県	289,100	16	5	2,241	5,216	881
山梨県	117,000	0	0	562	2,217	0
茨城県	269,700	0	0	157	267	0
合　計	2,287,500	381,090	517	83,819	91,233	1,390

流失とは、土砂崩れ、津波などによる　『大正震災志』内務省社会局発行より

朝鮮人虐殺事件へとつながってしまう。

2――一二五本の列車

鉄道の状況を見ると、国有鉄道の鉄路は、北は北海道最北端の稚内駅(現南稚内駅)、南は九州の鹿児島駅の一つ先、武(たけ)駅(現鹿児島中央駅)まですでに延びていた。稚内までの路線が全通したのは、震災の前年の大正十一(一九二二)年十一月で、これにより、翌十二年五月、稚内から樺太の大泊(おおどまり)行きの鉄道省の船が運航されはじめる。大正十一年は、新橋~横浜間に初めて鉄道が開通した明治五(一八七二)年から、ちょうど五十周年の節目でもあった。

大正十二年度末の国鉄の営業キロは、一万一八〇四キロ。私鉄(市町村営の軌道等も含む)の営業キロは、六六四二・四キロ。大ざっぱにいえば、この時代、国有鉄道の全国幹線網はすでに出来上がっている。また、全国に約三〇〇の私鉄会社があり、その多くは、その後廃止されて現存しない中小のローカル私鉄である。

国有鉄道の在籍車両は、蒸気機関車三七九七両、電気機関車五〇両、客車九〇一三

両、電車四六二両。全国の国有鉄道線のほとんどが蒸気機関車の牽く客車列車や貨物列車だった。蒸気機関車と客車の在籍数が最も多かったのは昭和二十年代だが、大正十二年時点では、その六〜七割に当たる数の車両が、すでに全国を走っていた。

一方、電化されて電車が走っていたのは、国有鉄道では現在の京浜東北線の一部に当たる京浜線の東京〜桜木町間、中央線の東京〜国分寺間、それに山手線だけといった状況だった。山手線はまだ神田〜上野間が開通しておらず、いわゆる「の」の字運転を行っていた。中野〜新宿〜四ツ谷〜東京〜品川〜渋谷〜新宿〜池袋〜上野及び池袋〜赤羽と走っている。その他全国の国有鉄道線で電化されていたのは、信越線碓氷峠越え区間の、横川〜軽井沢間だけである。この区間では、アプト式ラックレールを用いて急勾配を上り下りしていた。関西ではまだ電化されている国鉄路線はない。

　そうした中、震災発生時には、首都圏の国鉄

表3　国有鉄道車両の被害

	破損（両）	焼損（両）
蒸気機関車（タンク型）	11	16
蒸気機関車（テンダー型）	49	30
電車（電動車）	0	20
電車（付随車等）	0	20
客車（ボギー車）	55	308
客車（四輪車）	7	116
貨車	281	923
合　計	403	1,433

『国有鉄道震災誌』より。運行中、留置中総合計の被害車両数。タンク型とは、運転室の後ろに炭水車＝テンダーの連結がない、小型の蒸気機関車

東京府
多摩鉄道
是政
調布
金子
多摩川原
6弱
玉川電気鉄道
渋谷
三軒茶屋
目黒
山手線
品川
小山
玉川
目黒蒲田電鉄
調布
雪ヶ谷
大森
学校裏
丸子
池上電気鉄道
蒲田
蒲田
穴守
川崎
大師
東海道本線
淵野辺
原町田
貨物852列車貨車脱線
長津田
9
中山
小机
横浜線
鶴見
京浜電気鉄道
相模川
6弱
東神奈川
神奈川
横浜
2
貨物411列車
普通112列車
真鶴発→東京行
桜木町
横浜港
程ケ谷
京浜線832M
5両編成電車焼失
普通79列車
東京発→姫路行
戸塚
境川
貨物410列車機関車と貨車が脱線
貨物624列車
寒川
貨物600列車貨車転覆
大船
相模鉄道
貨物605列車貨車転覆車掌死亡
7
茅ヶ崎
辻堂
藤沢
7
貨物32列車貨車脱線
鎌倉
横須賀港
江ノ島
横須賀線
富津岬
貨物625列車機関車と貨車転覆
逗子
8
田浦
横須賀
横川橋梁が崩壊。単2列の橋梁で、橋げた連中、47連が崩落
貨物403列車
津波高さ
6~9m
普通514列車
横須賀発→東京行
東京電燈江ノ島電気鉄道
観音崎
浦賀水道
三浦半島
相模湾
千葉県
北条線
浜金谷
明鐘岬
剱崎
被災した客車列車
被災した貨物列車
無事だった客車列車
無事だった貨物列車
火災で損傷した電車
無事だった電車
駅名 駅本屋が焼失
駅名 駅本屋が倒壊・大破
いずれも国有鉄道に限る
火災延焼区域
東京中心部の地図はP177
横浜中心部の地図はP215
※一部の駅を省略

関東大震災鉄道地図（大正12年）
甲府
大月
鳥沢
四方津
上野原
与瀬
中央本線
5強
浅川
八王子
相原
橋本
富士電気軌道
金鳥居上（富士吉田）
山崩れ激甚地帯
地域内の7%以上が山崩れ
「内務省社会局発表」
神奈川県
6強
秦野
上井野口
湘南軌道
普通74列車
浜松発→東京行
3
平塚
大磯
二宮
東海道本線
国府津
鴨宮
下曽我
松田
貨物602列車
機関車脱線
貨物412列車貨車脱線
山北
谷峨（信）
駿河
4
貨物423列車貨車転覆
足柄（信）
貨物902列車
貨車転覆
御殿場
貨物409列車貨車転覆
東海道本線
富士岡（信）
貨物603列車機関車と貨車転覆
小田原電気鉄道
7
小田原
津波あり
（高さ不明）
山崩れ激甚地帯
強羅
小涌谷
大平台
湯本
6強
早川
熱海線
熱海線は全国鉄線の中で被害最も激甚。多くの切り通しと築堤が崩壊。橋げた墜落8箇所。根府川駅付近の地すべりで列車が海へ転落
岩波（信）
5
特急1列車
東京発→下関行
普通116列車
真鶴発→東京行
7
6
根府川
普通109列車
東京発→真鶴行
津波あり
（高さ不明）
裾野
静岡県
7
真鶴
真鶴岬
三島
（建設中）
熱海軌道組合
熱海
熱海
大津波あり
沼津
三島町
駿豆鉄道
大場
伊豆仁田
N
0
10km
※東京・横浜の市電路線および一部の駅は省略してあります。

即死者（名）	重傷者（名）	脱線車両数（両）			焼損車両数（両）	
		機関車	客車	貨車	客車	電車
9	41	10	17	141	20	—
0	0	—	—	—	—	18
0	0	0	0	4	0	—
3	1	0	2	5	0	—
117	2	2	8	0	0	—
0	0	0	0	0	3	—
0	0	—	—	—	—	9
0	0	0	0	0	0	—
0	0	—	—	—	—	4
0	0	0	0	7	0	—
1	19	1	8	4	0	—
0	0	0	0	0	0	—
0	0	0	0	0	0	—
0	0	1	0	8	0	—
0	0	0	0	0	0	—
130	63	14	35	169	23	31

十二路線の被害区域に、一二五本の客車列車、貨物列車、電車が運行中だった。そのうち二七本が、激震により、脱線・転覆・流失した。脱線にとどまったものも多いが、土砂崩れに巻き込まれ行方不明になったものなど、被害のありようは様々だ（表4参照）。運行中のほか、駅などに留置中や入換作業中で脱線や転覆して破損した車両は合計四〇三両にものぼる（表3参照）。さらに、激震による被害は免れたものの、乗客を降ろした後、時間をあけて襲ってきた大火災により焼損した列車が一〇本もある（表4参照）。また、車庫などに留置中で火災に遭った車両も含めると焼損車両の合計は、一四三

表4　運行中の列車被害

線名	被害区間	運行列車数	脱線列車数	焼損列車数
東海道本線	東京〜沼津	28	17	(2)
京浜線（電車）	東京〜桜木町	15	0	3
横浜線	東神奈川〜八王子	1	1	0
横須賀線	大船〜横須賀	2	2	0
熱海線	国府津〜真鶴	2	2	0
中央本線	飯田町〜大月	7	0	1
中央線（電車）	東京〜国分寺	18	0	3
東北本線	上野〜古河	11	0	0
山手線（電車）	品川〜赤羽、池袋〜上野	13	0	1
山手線（貨物）	品川〜赤羽、池袋〜田端	4	1	0
常磐線	日暮里〜土浦	11	2	0
総武本線	両国橋〜成東	6	0	0
房総線	千葉〜大網	2	0	0
北条線	蘇我〜江見	5	2	0
久留里線	木更津〜久留里	0	0	0
合　計		125	27	10

『大正十二年鉄道震害調査書』他より
東京〜品川間を運行中の山手線電車は京浜線の項に含む。東海道本線の焼損2列車は、脱線かつ焼損でそれぞれの項にカウント
脱線の項には、転覆、流失、傾斜も含む。運行中列車には、始発駅に停車中のものも一部含む

三両にも及んだ（表3参照）。

　被害を受けた国有鉄道線路の延長は二八六・〇キロ（110〜111頁表7参照）。十七の駅舎が倒壊し、倒壊は免れたものの大破した駅舎を含めるとその数は約四五にのぼる。とくに震度七の揺れに襲われた大船から小田原近辺の駅舎は、ほぼすべてが倒壊している。地震後の火災で駅舎が焼失してしまった駅も一九を数える（118〜119頁表8参照）。

　東日本大震災では、鉄道の乗客乗務員の死傷者はゼロだったことが、記憶に新しい。構造物の被害が大きかった地点に、たまたま列車が走っていなかったなど、幸運に恵まれたことがあるものの、高架橋をはじめ耐震工事が進

んでいたことのほか、鉄道員や乗客の咄嗟の行動がよかったため無事だったという事例もある。では関東大震災での、乗客乗務員の被災はどうだったか。

激震が襲った際、走行中だった六本、停車中だった一本の列車で、死亡事故が起きた。一三〇名の人々が死亡または行方不明となったが、この統計は重傷を負って後に死亡した人の数がいれられていないので、現実の死亡者はあと数名増える。このうち、根府川駅付近での列車災害で死亡した人が一一七名いる。さらに根府川駅ホームで列車を待っていた乗客約二〇名のほか、駅にいて家屋倒壊などで死亡した者も数名いる。

関東大震災では、死亡者それぞれ十万とおりの重い悲劇があり、ドラマがある。偶然列車に乗っていた乗客ごとに、また駅にいた人ごとに、鉄道現場で働いていた人ごとに、運と不運がある。必死の行動や活躍もあった。ここでは運行していた列車ごとに、被害の様子を見ていきたい。

3──被災列車にドラマあり「海へ墜落してでも進行させよ」

東海道本線

地震発生時、線路の被害が集中した東海道本線東京〜沼津間には、旅客列車一〇本、貨物列車一八本が運行されていた。これらは皆、蒸気機関車牽引による列車である。そのうち、旅客列車四本、貨物列車一三本が脱線や転覆、焼失の被害を受けている。同区間は関東大震災の震源域をまさに縦断して走っており、車庫や機関庫、駅の留置線などにいた機関車、客車、貨車でも脱線転覆にいたったものが多い。

東海道本線の列車は、小田原や熱海を経由せずに、現在の御殿場線を走っていた。東京〜沼津間はすでに複線化がなされている。

東京〜横浜間に並行して走る京浜線（現京浜東北線）電車や、山手線の電車は別の項で述べる。ちなみに現在の東海道本線は、関東大震災が発生した午前十一時五十八分時点では、東京〜沼津間で、当時の三倍近くの本数の電車が走っている。

◎上り急行六列車（177頁地図1）下関発東京行き　新橋駅　新橋駅十一時五十七分着、停車中に地震が発生する。車内の乗客は、ホーム越し、すぐ横に立つ赤煉瓦駅舎から、石と鉄鋼がきしむような不気味な大音響を聞く。大正三年竣工、鉄道院設計によるルネサンス様式の同駅舎には、この時、百カ所程の亀裂が生じた。

列車はこの先、あと一駅で終着の東京駅であり、赤煉瓦高架橋が続く東京駅までの

大正12年7月1日改正

509	109	1	511	111	79	9	513		27	11	515	115	517	81	519	83	521	123	523	85
横須賀	真鶴	下関	横須賀	小田原	姫路	横須賀	真鶴・横須賀		明石	横須賀	横須賀	真鶴	横須賀	豊橋	横須賀	浜松	横須賀	小田原	横須賀	静岡
		①②																		
855	905	930	950	1000	1040	…	1135	…	1220	…	1315	1325	1410	1420	1450	1520	1545	1625	1635	1715
900	911	レ	955	1005	1047	…	1141	…	1227	…	1320	1331	1415	1426	1455	1527	1550	1631	1641	1720
908	919	特急	1003	1013	1057	…	1149	…	1236	…	1328	1339	1423	1435	1503	1537	1558	1639	1649	1728
レ	レ	(寝台1)	レ	レ	1107	…	レ	…	1244	…	レ	レ	レ	レ	レ	1547	レ	1647	1657	レ
レ	レ	(寝台2)	レ	レ	レ	…	レ	…	レ	…	レ	レ	レ	レ	レ	レ	レ	レ	レ	レ
レ	レ	(食堂)	レ	レ	レ	…	レ	…	レ	…	レ	レ	レ	レ	レ	レ	レ	レ	レ	レ
レ	レ	レ	レ	レ	レ	…	レ	…	レ	…	レ	レ	レ	レ	レ	レ	レ	レ	レ	レ
932	943	1001	1027	1037	1132	…	1215	…	1304	…	1352	1403	1447	1459	1527	1612	1622	1706	1716	1752
935	946	1004	1030	1040	1135	…	1216	…	1307	…	1355	1406	1450	1502	1530	1615	1625	1709	1719	1755
941	952	レ	1036	1046	1141	…	1222	…	1313	…	1401	1412	1456	1508	1536	1621	1631	1715	1725	1801
956	1007	レ	1051	1101	1158	…	1237	…	1328	…	1418	1427	1511	1523	1551	1637	1646	1730	1740	1816
1004	1015	レ	1059	1109	1206	…	1245		1336	…	1426	1435	1519	1531	1559	1645	1654	1738	1748	1824
1006	1027	レ	1101	1111	1208	1215	1250	1247	1338	1345	1428	1437	1521	1533	1602	1647	1656	1740	1749	1826
1015	‖	‖	1111	‖	‖	1224	‖	1257	‖	1356	1438	‖	1531	‖	1613	‖	1707	‖	1758	‖
1026	‖	‖	1119	‖	‖	1232	‖	1305	‖	1404	1446	‖	1539	‖	1621	‖	1717	‖	1807	‖
1033	‖	‖	1128	‖	‖	1241	‖	1314	‖	1413	1455	‖	1548	‖	1630	‖	1726	‖	1816	‖
1037	‖	‖	1132	‖	‖	1245	‖	1316	‖	1417	1459	‖	1552	‖	1634	‖	1730	‖	1820	‖
…	1036	レ	…	1120	1218	…	1259	…	1347	…	…	1446	…	1542	…	1657	…	1749	…	1835
…	1043	レ	…	1127	1225	…	1306	…	1354	…	…	1453	…	1549	…	1704	…	1756	…	1842
…	1049	レ	…	1133	1231	…	1312	…	1400	…	…	1459	…	1555	…	1710	…	1802	…	1848
…	1057	レ	…	1141	1240	…	1320	…	1408	…	…	1507	…	1603	…	1720	…	1810	…	1856
…	1104	レ	…	1148	1247	…	1327	…	1415	…	…	1514	…	1610	…	1727	…	1817	…	1903
…	1112	レ	…	1156	1256	…	1335	…	1423	…	…	1522	…	1618	…	1736	…	1825	…	1911
…	1119	1050	…	1203	1304	9	1342	…	1430	11	…	1529	…	1625	13	1744	15	1832	…	1918
…	1121	1053	…	1205	1308	1310	1344	…	1434	1440	…	1531	…	1630	1632	1748	1752	1834	…	1922
…	1127	‖	…	1211	‖	1316	1350	…	‖	1446	…	1537	…	‖	1638	‖	1800	1840	…	‖
…	1140	‖	…	1216	‖	1321	1403	…	‖	1451	…	1550	…	‖	1645	‖	1812	1845	…	‖
…	1147	‖	…	…	‖	…	1410	…	‖	…	…	1557	…	‖	1652	‖	1821	…	…	‖
…	1200	‖	…	…	‖	…	1422	…	‖	…	…	1610	…	‖	1706	‖	1837	…	…	‖
…	1212	‖	…	…	‖	…	1433	…	‖	…	…	1622	…	‖	1718	‖	1851	…	…	‖
…	…	レ	…	…	1315	…	…	…	1441	…	…	…	…	1637	…	1755	…	…	…	1929
…	…	レ	…	…	1329	…	…	…	1455	…	…	…	…	1651	…	1809	…	…	…	1943
…	…	1115	…	…	1347	…	…	…	1513	…	…	…	…	1708	…	1827	…	…	…	2026
…	…	レ	…	…	1411	…	…	…	1536	…	…	…	…	1731	…	1850	…	…	…	2049
…	…	レ	…	…	1442	…	…	…	1606	…	…	…	…	1801	…	1920	…	…	…	2119
…	…	レ	…	…	1507	…	…	…	1631	…	…	…	…	1826	…	1945	…	…	…	2144
…	…	レ	…	…	1515	…	…	…	1639	…	…	…	…	1834	…	1953	…	…	…	2152
…	…	レ	…	…	1516	…	…	…	1640	…	…	…	…	1835	…	1954	…	…	…	2153
…	…	1220	…	…	1524	…	…	…	1648	…	…	…	…	1843	…	2002	…	…	…	2201
…	…	1226	…	…	1531	…	…	…	1654	…	…	…	…	1850	…	2010	…	…	…	2208
		下関 830			姫路 735				明石 715					豊橋 2344		浜松 2355				静岡 2338

下り列車以下略

表5　大正12年時刻表

東海道本線（東京—沼津）・横須賀線・熱海線 下り

線名	哩程	列車番号 / 行先 / 座席等級			1	21	21		3	101	5	25	503	103	505	105	507	107	7
		行先		小田原	横須賀	下関	横須賀	小田原	横須賀	真鶴	横須賀	神戸	横須賀	小田原	横須賀	真鶴	横須賀	小田原	横須賀
東海道本線	0.0	東京	発	…	…	505	…	…	…	600	…	650	700	710	735	745	805	…	…
	1.2	新橋	〃	…	…	511	…	…	…	605	…	656	705	715	741	751	811	…	…
	4.3	品川	〃	…	…	520	…	…	…	613	…	705	713	723	750	800	820	…	…
	7.2	大森	〃	…	…	レ	…	…	…	レ	…	レ	721	731	758	808	レ	…	…
	11.3	川崎	〃	…	…	レ	…	…	…	レ	…	レ	レ	レ	レ	レ	レ	…	…
	13.5	鶴見	〃	…	…	レ	…	…	…	レ	…	レ	レ	レ	レ	レ	レ	…	…
	17.5	神奈川	〃	…	…	レ	…	…	…	レ	…	レ	レ	レ	レ	レ	レ	…	…
	18.2	横浜	着	…	…	544	…	…	…	637	…	729	740	750	817	827	844	…	…
			発	…	…	547	…	…	…	640	…	732	743	753	820	830	847	855	…
	19.7	程ケ谷	〃	…	…	553	…	…	…	646	…	738	749	759	826	836	853	901	…
	25.3	戸塚	〃	…	…	608	…	…	…	701	…	753	804	814	841	851	908	916	…
	28.8	大船	着	…	…	616	…	…	…	709	…	801	812	822	849	859	916	924	…
			発	…	530	618	…	…	622	711	714	803	815	824	851	901	917	926	942
横須賀線	31.8	鎌倉	〃	…	540	‖	…	…	631	‖	724	‖	826	‖	901	‖	928	‖	952
	34.2	逗子	〃	…	549	‖	…	…	639	‖	732	‖	834	‖	909	‖	936	‖	1001
	37.6	田浦	〃	…	559	‖	620	…	648	‖	742	‖	843	‖	918	‖	945	‖	1011
	38.8	横須賀	〃	…	603	‖	625	…	652	‖	746	‖	847	‖	922	‖	949	‖	1015
東海道本線	31.6	藤沢	〃	…	…	626	【日曜・祭日運休】	…	…	720	…	812	…	833	…	911	…	934	…
	33.9	辻堂	〃	…	…	633		…	…	727	…	819	…	840	…	918	…	941	…
	36.3	茅ケ崎	〃	…	…	639		…	…	733	…	825	…	846	…	924	…	947	…
	39.6	平塚	〃	…	…	647		…	…	741	…	833	…	854	…	933	…	1006	…
	42.0	大磯	〃	…	…	654		…	…	748	…	840	…	901	…	940	…	1013	…
	45.3	二宮	〃	…	…	702		…	…	756	…	848	…	909	…	949	…	1021	…
	48.2	国府津	着	*1*	*3*	709		*5*	…	803	…	855	…	916	…	957	…	1028	*7*
			発	520	615	713		733	…	805	…	858	…	918	…	1000	…	1030	1047
熱海線	50.1	鴨宮	〃	526	621	‖	…	739	…	811	…	‖	…	924	…	1006	…	1036	1053
	52.1	小田原	〃	531	631	‖	…	744	…	825	…	‖	…	929	…	1018	…	1041	1058
	53.4	早川	〃	…	638	‖	…	…	…	833	…	‖	…	…	…	1025	…	…	…
	56.1	根府川	〃	…	652	‖	…	…	…	846	…	‖	…	…	…	1038	…	…	…
	59.4	真鶴	〃	…	704	‖	…	…	…	858	…	‖	…	…	…	1050	…	…	…
東海道本線	50.5	下曽我	〃	…	…	720	…	…	…	…	…	905	…	…	…	…	…	…	…
	54.5	松田	〃	…	…	734	…	…	…	…	…	919	…	…	…	…	…	…	…
	58.1	山北	〃	…	…	752	…	…	…	…	…	936	…	…	…	…	…	…	…
	63.6	駿河	〃	…	…	815	…	…	…	…	…	959	…	…	…	…	…	…	…
	70.3	御殿場	〃	…	…	845	…	…	…	…	…	1027	…	…	…	…	…	…	…
	79.7	裾野	〃	…	…	910	…	…	…	…	…	1052	…	…	…	…	…	…	…
	82.7	三島	着	…	…	918	…	…	…	…	…	1100	…	…	…	…	…	…	…
			発	…	…	919	…	…	…	…	…	1101	…	…	…	…	…	…	…
	85.6	沼津	着	…	…	927	…	…	…	…	…	1109	…	…	…	…	…	…	…
			発	…	…	934	…	…	…	…	…	1115	…	…	…	…	…	…	…
終着						下関 翌日 1733						神戸 100							

大正12年7月1日改正

14	508	108	4	72	16	8	510	6	4	112	6	514	74	6	116	8	518	26	526	120
神戸	横須賀	小田原	真鶴	静岡	神戸	下関	横須賀	下関	横須賀	真鶴	小田原	横須賀	浜松	横須賀	真鶴	小田原	横須賀	明石	横須賀	真鶴
2000	900	825	810	510	2050	945	1006	1010	1050	945	1115	1150	540	1250	1148	1305	1338	2145	1435	1332
②③					②③	①②		③												
600	…	…	…	640	708	801	…	822	…	…	…	…	912	…	…	…	…	1100	…	…
606	…	…	…	647	718	810	…	830	…	…	…	…	919	…	…	…	…	1107	…	…
レ	…	…	…	658	レ	レ	…	レ	…	…	…	…	930	…	…	…	…	1118	…	…
レ	…	…	…	659	レ	レ	…	レ	…	…	…	…	931	…	…	…	…	1119	…	…
急行	…	…	…	713	急行	急行	…	急行	…	…	…	…	945	…	…	…	…	1133	…	…
寝台2	…	…	…	758	寝台2	寝台1	…	和食	…	…	…	…	1030	…	…	…	…	1218	…	…
食堂	…	…	…	818	和食	寝台2	…	枕	…	…	…	…	1050	…	…	…	…	1238	…	…
枕	…	…	…	838	食堂	食堂	…	レ	…	…	…	…	1110	…	…	…	…	1259	…	…
レ	…	…	…	848	枕	レ	…	レ	…	…	…	…	1120	…	…	…	…	1309	…	…
レ	…	…	…	857	レ	レ	…	レ	…	…	…	…	1129	…	…	…	…	1318	…	…
‖	…	…	810	‖	‖	‖	…	‖	…	945	…	…	‖	…	1148	…	…	‖	…	1332
‖	…	…	822	‖	‖	‖	…	‖	…	957	…	…	‖	…	1201	…	…	‖	…	1344
‖	…	…	834	‖	‖	‖	…	‖	…	1008	…	…	‖	…	1212	…	…	‖	…	1355
‖	…	825	842	‖	‖	‖	…	‖	…	1022	1115	…	‖	…	1225	1305	…	‖	…	1408
‖	…	831	848	‖	‖	‖	…	‖	…	1028	1122	…	‖	…	1231	1312	…	‖	…	1414
751	…	837	854	903	913	955	…	1015	…	1034	1127	…	1135	…	1237	1319	…	1324	…	1420
755	…	839	…	921	916	959	…	1019	…	1036	…	…	1140	…	1239	…	…	1329	…	1422
レ	…	847	…	929	レ	レ	…	レ	…	1044	…	…	1148	…	1247	…	…	1337	…	1430
レ	…	855	…	937	レ	レ	…	レ	…	1052	…	…	1156	…	1255	…	…	1345	…	1438
レ	…	902	…	944	レ	レ	…	レ	…	1059	…	…	1203	…	1302	…	…	1352	…	1445
レ	…	910	…	952	レ	レ	…	レ	…	1107	…	…	1211	…	1310	…	…	1400	…	1453
レ	…	917	…	959	レ	レ	…	レ	…	1114	…	…	1218	…	1317	…	…	1407	…	1500
レ	…	924	…	1006	レ	レ	…	レ	…	1121	…	…	1225	…	1324	…	…	1414	…	1507
‖	900	‖	…	‖	‖	‖	1006	‖	1050	‖	…	1150	‖	1250	‖	…	1338	‖	1435	‖
‖	905	‖	…	‖	‖	‖	1012	‖	1055	‖	…	1155	‖	1255	‖	…	1343	‖	1440	‖
‖	916	‖	…	‖	‖	‖	1023	‖	1105	‖	…	1205	‖	1306	‖	…	1353	‖	1450	‖
‖	926	‖	…	‖	‖	‖	1031	‖	1114	‖	…	1214	‖	1314	‖	…	1404	‖	1459	‖
レ	934	931	…	1013	950	1031	1039	1053	1122	1128	…	1222	1232	1322	1331	…	1412	1421	1507	1514
レ	┘	939	…	1015	952	1033	1041	1055	…	1130	…	1224	1234	…	1333	…	1414	1423	┘	1516
レ	…	948	…	1024	レ	レ	1050	レ	…	1139	…	1233	1243	…	1342	…	1425	1432	…	1525
レ	…	1003	…	1039	レ	レ	1105	レ	…	1154	…	1248	1258	…	1357	…	1438	1447	…	1540
851	…	1008	…	1044	1016	1055	1110	1119	…	1159	…	1253	1303	…	1402	…	1443	1452	…	1545
854	…	1011	…	1047	1022	1059	1113	1123	…	1202	…	1256	1306	…	1405	…	1446	1456	…	1548
レ	…	レ	…	レ	レ	レ	レ	レ	…	レ	…	レ	レ	…	レ	…	レ	レ	…	レ
レ	…	レ	…	レ	レ	レ	レ	レ	…	レ	…	レ	レ	…	レ	…	レ	レ	…	レ
レ	…	レ	…	レ	レ	レ	レ	レ	…	レ	…	レ	レ	…	レ	…	レ	レ	…	レ
レ	…	レ	…	レ	レ	レ	レ	レ	…	レ	…	レ	1327	…	レ	…	レ	1517	…	レ
919	…	1034	…	1110	1047	1124	1138	1148	…	1225	…	1319	1334	…	1428	…	1509	1524	…	1611
928	…	1042	…	1119	1057	1133	1146	1157	…	1233	…	1327	1343	…	1436	…	1517	1535	…	1619
935	…	1047	…	1125	1105	1140	1151	1205	…	1238	…	1332	1350	…	1441	…	1522	1540	…	1624

上り列車以下略

表6　大正12年時刻表

東海道本線（沼津—東京）・熱海線・横須賀線　上り

線名	哩程（神戸から）	列車番号		28	24	30	32	2	20	100	10	2	500	102	12	502	104	600	504
		始発		明石	下関	明石	糸崎	横須賀	横須賀	小田原	神戸	小田原	横須賀	山北	神戸	横須賀	小田原	山北	横須賀
		発車時刻		1040	前々日 2125	1325	800	535	552	510	1800	638	610	540	1900	658	638	635	735
		座席等級									③				①②				
東海道本線	287.9	沼津	着	058	156	251	321	…	…	…	402	…	…	…	457	…	…	…	…
			発	105	202	258	327	…	…	…	408	…	…	…	503	…	…	…	…
	290.8	三島	着	レ	レ	レ	レ	…	…	…	レ	…	…	…	レ	…	…	…	…
			発	レ	[寝台2]	[寝台2]	[寝台2]	…	…	…	レ	…	…	…	レ	…	…	…	…
	293.8	裾野	〃	レ	[和食]	(枕)	レ	…	…	…	急行	…	…	…	急行	…	…	…	…
	303.2	御殿場	〃	レ	(枕)	357	レ	…	…	…	[和食]	…	…	…	[寝台1]	…	…	…	…
	309.9	駿河	〃	レ	レ	417	レ	…	…	…	(枕)	…	…	…	[寝台2]	…	…	…	…
	315.4	山北	〃	245	341	437	453	…	…	…	レ	…	…	540	[食堂]	…	…	635	…
	319.0	松田	〃	レ	レ	レ	レ	…	…	…	レ	…	…	550	レ	…	…	657	…
	323.0	下曽我	〃	レ	レ	レ	レ	…	…	…	レ	…	…	559	レ	…	…	719	…
熱海線	0.0	真鶴	発	‖	‖	‖	‖	…	…	…	‖	…	…	‖	‖	…	…	‖	…
	3.3	根府川	〃	‖	‖	‖	‖	…	…	…	‖	…	…	‖	‖	…	…	‖	…
	6.0	早川	〃	‖	‖	‖	‖	…	…	…	‖	…	…	‖	‖	…	…	‖	…
	7.3	小田原	〃	‖	‖	‖	‖	…	…	510	‖	548	…	‖	‖	…	638	‖	…
	9.3	鴨宮	〃	‖	‖	‖	‖	…	…	516	‖	554	…	‖	‖	…	644	‖	…
東海道本線	325.3	国府津	着	307	401	456	512	…		522	550	600	…	605	642	…	650	728	…
			発	311	405	459	515	…	【日曜・祭日運休】	524	554	…	…	606	646	…	652	…	…
	328.2	二宮	〃	レ	レ	レ	レ	…		532	レ	…	…	614	レ	…	700	…	…
	331.5	大磯	〃	レ	レ	レ	レ	…		540	レ	…	…	622	レ	…	708	…	…
	333.9	平塚	〃	レ	レ	レ	レ	…		547	レ	…	…	629	レ	…	715	…	…
	337.2	茅ヶ崎	〃	レ	レ	レ	レ	…		555	レ	…	…	637	レ	…	723	…	…
	339.6	辻堂	〃	レ	レ	レ	レ	…		602	レ	…	…	644	レ	…	730	…	…
	341.9	藤沢	〃	レ	レ	レ	546	…		609	レ	…	…	651	レ	…	737	…	…
横須賀線	0.0	横須賀	発	‖	‖	‖	‖	535	552	‖	‖	…	610	‖	‖	658	‖	…	735
	1.2	田浦	〃	‖	‖	‖	‖	540	557	‖	‖	…	615	‖	‖	703	‖	…	741
	4.6	逗子	〃	‖	‖	‖	‖	550	…	‖	‖	…	625	‖	‖	714	‖	…	751
	7.0	鎌倉	〃	‖	‖	‖	‖	558	…	‖	‖	…	634	‖	‖	723	‖	…	800
東海道本線	344.7	大船	着	354	445	533	553	606	…	616	631	…	642	658	レ	731	744	…	808
			発	356	447	535	555	…	…	618	633	…	644	659	レ	732	746	…	818
	348.2	戸塚	〃	レ	レ	544	レ	…	…	627	レ	…	653	708	レ	741	755	…	819
	353.8	程ヶ谷	〃	レ	レ	559	レ	…	…	642	レ	…	708	723	レ	756	810	…	834
	355.3	横浜	着	423	512	604	619	…	…	647	658	…	713	728	742	801	815	…	839
			発	428	516	608	623	…	…	650	702	…	716	731	745	804	818	…	842
	356.0	神奈川	〃	レ	レ	レ	レ	…	…	レ	レ	…	レ	レ	レ	レ	レ	…	レ
	360.0	鶴見	〃	レ	レ	レ	レ	…	…	レ	レ	…	レ	レ	レ	レ	レ	…	レ
	362.2	川崎	〃	レ	レ	レ	レ	…	…	レ	レ	…	レ	レ	レ	レ	レ	…	レ
	366.3	大森	〃	レ	レ	レ	644	…	…	709	レ	…	735	750	レ	823	837	…	レ
	369.2	品川	着	500	546	633	651	…	…	716	727	…	742	757	レ	830	844	…	905
	372.3	新橋	着	512	557	642	700	…	…	724	737	…	750	805	レ	838	852	…	913
	373.5	東京	着	520	605	650	708	…	…	729	745	…	755	810	820	843	857	…	918

有楽町方面から見た新橋駅。線路は無事だが周辺は焼け野原。左手奥に火災で激しく焼損した煉瓦造りの新橋駅舎が見える

線路には、揺れによる大きな被害は出ていなかったが、運転を取り止める。乗客全員は新橋駅で降ろされた。

　新橋駅では、十四時三十分までに金銭の扱いを一切締めきり、預かっている手小荷物もガード下の倉庫へ移し鍵をかけた。夕暮れの頃、風向きが怪しくなり火の手が迫ってくる危険を感じたので、倉庫へ入れた手小荷物をはじめ駅にあるものを、停車中の急行六列車へ積み込みはじめた。壁にかけた電気時計までもはずして列車へ持ちこんだので、駅に残したものは、大きな机くらいだけとなった。

　二十時頃、猛火がついに駅までや

ってくる。駅舎二階にあった東洋軒食堂の煙突に、北西の強風に煽られて、大きな火玉が落ちてきた。杉田武造駅長は「総員引き揚げ」を命じ、ホームに停車している六列車に駅員が乗り込んだ。二十時三十分、一四両編成の列車は、機関車が後ろから押すバック運転で、ゆっくり品川方面へと避難運転を始めた。駅長は、その発車を駅に残って見送った。

新橋駅を出て三〇〇メートルほど、汐留鉄道官舎横まで来ると、「その汽車止めろ！」と線路付近で人々が叫んでいる。振り返ると新橋駅舎はすでに焼け始め、列車は火と人との間で立ち往生となった。

汐留鉄道官舎は、東海道本線の線路をはさんで、汐留貨物駅の反対側にある。赤坂方面からの火に追われて官舎に避難してきた市民や、官舎八十戸にいた人とその家財類の荷物を積んで、列車は品川方面へと再び発車した。

隣り駅の浜松町付近まで来ると、火はその先の金杉橋（現在首都高速道路が線路上を横切る部分）に延焼し、路盤も崩れて、もはや進むことができなくなった。周囲の火は、築堤の上にいる列車のさらに上から、降り注ぐように襲ってきた。

車中の避難者は、荷物を車内に置いたままにして品川方面へと逃げ、死傷者はゼロだった。機関車（18638号機）及び客車は二十三時頃、鉄の梁及び台車のみを残

避難運転をしたのも叶わず、完全に丸焼けとなった下関発東京行き急行6列車。左側にあるのは山手・京浜線用の浜松町駅ホーム

して灰燼に帰した。

杉田駅長は、同列車が発車してから二十一時頃、官舎に帰り夜具洋服類だけを持ち出し、増上寺へ避難したという。官舎も二十三時頃延焼した。杉田駅長は、後に新聞記者に、

「(六列車は) 金杉鉄橋が被害甚だしく進みかねた。しかし自分はたとえ鉄橋から列車が海へ墜落してもいいから進行させようとしたが、不幸にして機関車の水が欠乏したので、やむなく (機関手は) そこから立ち退いた。もし進行していたら、新橋駅は翌日からでも営業ができたのだ」(『鉄道時報』大正十二年十月六日号) と述べている。

実際に杉田駅長は、この列車に乗っ

ていなかったはずなので、どうやって列車をさらに進行させようとしたのかは分からない。駅長の言う、「車両を全焼させるくらいだったら、海（実際は川）へ車両を墜落させるほうがまし」といった話は暴論のようだが、自分が駅長として守るべき駅の重要備品や書類が、一時はうまく列車に避難させられたものの、それらが客車ごと丸焼けになった悔しさを、素直に表した言葉だろう。

◎下り貨物四一一列車（70〜71頁地図❷）　海神奈川駅　海神奈川駅は、東海道本線東神奈川駅から海側へと分岐し、京浜電気鉄道（現京急）、東海道貨物線と交差して二キロほど延びていた貨物支線にあった駅（昭和三十四年廃止）。明治四十年代に埋め立てられた現在の千若町に立地していた。

貨物四一一列車は、9600形蒸気機関車が四四両の貨車を牽いて海神奈川駅構内を走行中に激震に遭う。五両目の貨車と最後部四一両目以下の四両が脱線したまま、約二〇〇メートル走行して停車した。後ろの四両の貨車の大破が甚だしかった。そして、運悪く四一両目の貨車には火薬が積まれていた。

規程では、貨物列車一編成に、火薬を積んだ貨車は五両まで連結することができた。それ以前、火薬輸送時には爆発などの事故も多く起きていて、貨車への積載授受は、

横浜駅付近、大火災の傍らを走る避難列車

知識をもった貨物掛と駅長に限ることや、日没時は荷造りや荷解き積降ろしを禁止するなど、厳しい規程が定められている。

海神奈川駅の構内線路の被害状況の記録がなく断定はできないが、同じような埋め立て地の高島駅や横浜港駅の記録から想像すると、地震後、液状化現象が激しく起きたことだろう。高島駅は、割れた地面から水が噴出して泥の海となってしまった。留置中の石炭積載の貨車が地盤の亀裂部分に落ち込み、車体の半分の高さまで泥の中に埋まった。

海神奈川駅から一キロほど離れた東神奈川駅近くの工場では、地震発生後すぐに火災が発生している。さらに二キロほど離れた現在の横浜駅のあたりでは、ライジングサン石油とスタンダード石油の貯油槽が爆発し、そこから漏れた石油で、付近の川面は火の海となった。津波来襲の噂も聞こえてきた。そうした状況で、海神奈川駅では、貨物掛の者が、すぐに自分も安全な場所へ避難したい気持を抑えて、有蓋貨車の中に入り込んで、積載されている火薬を、近くの海中に投じて難を逃れた。おそらく脱線の際の対処法としてマニュアルにはないもので、現場の状況から機転をきかせて取った行動だろう。海神奈川駅貨物掛、尾坂二郎が、震災時に危険を顧みず奮闘努力したとして、鉄道省から表彰され金七十円を受けている。表彰理由の記録が見つからないので詳しくは不明だが、この行動を表彰したものと思われる。

なお、この9600形蒸気機関車は、大正二年に製造が開始された国産初の本格的貨物牽引用機関車である。昭和四十年代後半まで、四国を除く各地で活躍していたので、年配の鉄道ファンの中には、その姿を見たことがある人もおられるだろう。海神奈川で被災した59627号機は、その後津軽海峡を渡り、昭和四十七年、稚内機関区で廃車となるまで働き続けている。

この四一一貨物列車や海神奈川駅に留置中の貨車は、埋立地で人気の少ない地に停まっていたために、翌二日朝から貨車の荷を盗もうとする者たちに狙われた。隣りの東神奈川駅駅員が制止するものの、次第に掠奪者の人数が多くなり、彼らは手に日本刀、竹槍、鉈などを持って殺気を含んでいた。そのため駅員はなすすべもなく、一時は白昼強盗が闊歩する状況となり、貨車二〇両から米、豆、塩魚、酒、味噌、絹、綿などが盗まれてしまった。

◎上り普通七四列車（70〜71頁地図3）　浜松発東京行き　大磯〜平塚間　大磯駅を一分遅れの十一時五十七分発、平塚へ向かい東海道踏切付近の築堤上を走行中、機関手は突然大きな動揺を感じた。すぐにブレーキをかけたが、機関車と前よりの客車三両が、進行方向左側の水田内に転落した。さらに築堤上で脱線した四両目の客車に後ろの五両目の客車が突っ込む形となり、これら五両の客車が大破した。一方、七両目から一二両目までは脱線せず線路上に停まった。乗客八名が即死、四四名が重軽傷を負った。機関手一名も負傷している。

牽引していたのは、18936号機、後に改番してC51―37号機となる。C51は、昭和五年に登場した超特急「燕」の牽引機にもなった名機関車である。列車は、二等車三両、三等車八両、郵便車一両の編成だった。

東海道本線では、戸塚付近から国府津を経て足柄付近まで、築堤が沈下崩壊する被害が多かった。とくに国府津〜下曽我間は延長四キロにわたって線路築堤がほとんど

田んぼの中に突っ込んだ浜松発東京行き普通列車。大磯—平塚間

原型をとどめないほど壊滅し、最大では七メートルも沈下した箇所がある。このほか二宮駅の東京寄りでは最大で六メートルの沈下、また同駅付近で四〇〇メートルにわたり最大四メートル弱沈下した。

根府川駅付近での山崩れにより海へ転落した一〇九列車を除けば、常磐線の八一四列車とこの東海道本線七四列車が、関東大震災で最も多くの列車事故犠牲者を出すこととなった。いずれも築堤の沈下部に走行中の列車が突っ込んだものである。七四列車が脱線転覆した築堤部分は、三メートル未満の沈下だったが、一メートル未満の沈下でも列車は脱線するだろう。その程度の沈下被害はいたるところに発生していて、現在のようにもっと数多くの列車が東海道本線を走っていたら、さらに多くの列車事故が起きたと考えられる。

事故現場に近い大磯駅では、待合室が倒壊し、降車客一名が亡くなった。列車が一分遅れたことが、この乗客の運命を左右したかもしれない。

乗客の救護に当たっては、大磯駅長の影本虎三郎と、たまたま同列車に乗り合わせた新橋運輸事務所の田實重雄書記が中心となり、大磯駅員が任務についた。また近くの大平自動車会社の応援を受けて、負傷者三八名を同社の車庫に収容のうえ、付近の医師に依頼して応急手当てを施した。さらに民家一軒を借り受け、付添い人や看護人の休憩所とし、職員の手で炊き出しも行った。

実は影本駅長の長女も、地震のため瀕死の重傷を負っていたが、駅長は、罹災者保護と駅務を優先させ、見舞に行く時間も取れなかった。長女が亡くなった時も、立ち会うことができなかったという。翌年、影本駅長は、鉄道省から最高ランクの百円の表彰、田實書記は七十円の表彰を受けている。

『静岡民友新聞』（九月五日）が、「列車の窓から脱出　勇敢なる少年老婆を抱いて転覆の刹那危うく遁れて帰る」という見出しで、この列車に乗っていた静岡市一番町、三浦哲郎氏の弟、三浦敏郎君（十五歳）の体験談を記事にしている。敏郎は、神田区の一橋高等小学校の生徒で、夏休みが終わり一人で東京に帰るところだった。彼は次のように語る。

「大磯駅を発車した刹那、強い揺れが来襲して、縦横に車両が三回動揺したかと思うとすぐ、俄然一大音響と共に脱線転覆しました。死を覚悟して列車の窓から飛び降りようとすると、隣に居合わせたお婆さんが悲鳴をあげてしがみついてきたため、まごまごしていられないから、夢中でお婆さんを抱えて飛び降りてしまった。そこが田んぼだったから、腰まで泥にはまってしまったものの、お婆さんを助けようやく這いあがった。列車の中で『助けてくれ』と叫ぶ人がいたり、車両が押しつぶされている様子は、とても言葉で言いつくせないほど悲惨でした。

その後、私は東へ行くのがいいのか西へ戻るのがいいのか判断がつかず、この日は、事故に遭った場所の近くで野宿し、翌日静岡へ帰るべく決心して、国府津から国道を箱根に向かって歩きはじめました。二日の夜は山北の町で野宿し、昼ごろ小山の惨状を俯瞰しながら鉄道線路に沿って御殿場に出て、ここから自動車に乗ることができて沼津まで来て、やっと安心した心もちになりました」。こうした顛末を、少年は記者に「快活に」語ってくれたという。

客車が転落した場所が、腰まではまる水田だったという証言から、それがクッションとなり、被害をかなり和らげたのではないかと推察できる。少年の話にある小山の惨状とは、駿河駅（現駿河小山駅）近くの富士瓦斯紡績工場での被害のことだろう。寄宿女工など八〇〇〇名以上が働いていた大工場で、煉瓦造りの建物の倒壊と火災で一二〇名以上が亡くなるという悲劇が起きている。

◎下り貨物四二三列車（70〜71頁地図4）山北〜谷峨間　谷峨駅前後の風景を歌った鉄道唱歌第十三番「いでてはくぐるトンネルの　前後は山北・小山驛　今も忘れぬ鐵橋の　下ゆく水のおもしろさ」。こう描写されているように、トンネルと鉄橋が続く山間部、いわゆる箱根越え区間で被災したのが、貨物四二三列車である。

箱根越え区間は、御殿場駅を頂上としてその両側、山北からと沼津からと、登りの急坂が続く。

同列車は、山北駅を出て、箱根第一号・第二号隧道（トンネル）を抜け、第一酒匂川橋梁を渡った切り通し部分で地震に遭う。左側の山腹から土砂が崩れてきて、前から一二両目と一三両目の貨車の連結器が切断され、列車が前部と後部に切り離された形となった。機関車と前部一二両の貨車は、約六メートル前進して第二酒匂川鉄橋の上で停車、一三両目以下三一両目までが脱線転覆、三二両目から四三両目までは異常

第二酒匂川橋梁上で脱線停止した下り貨物423列車。マレー式機関車の後ろに、3連の平行弦トラスの橋桁が見える

がなかった。線路の上に乗ったままの最後部の貨車が、脱線した貨車と連結されたままだったので、上り坂の線路を逆走して暴走しなかったのは、幸いだった。この列車で負傷者は出ていない。

機関車は、日本で初めて輸入された本格的なマレー式機関車の9750形（9762号機）。ボイラーの下に二組の走り装置（動輪とロッドなど）がある特徴的な作りである。当時としては強力な機関車で、急勾配区間の貨物列車や、旅客列車の後押し補助機関車などとして使用された。マレー式蒸気機関車は、大正の初めごろ約五〇両が日本へ輸入されたが、国産の9600形の登場などで、昭和の戦前にすべて姿を消している。

機関車が停止した第二酒匂川橋梁を渡ると数百メートル先で、箱根第三号トンネルに入る。このトンネルは内部が崩れていたので、あと十数秒早く出発して先を走っていたら、列車ごとトンネルの中で埋まってしまうところだった。

山北の町は、三方を山に囲まれている。鉄道が寸断され道路も各地で崩壊し橋も落ち、交通が途絶して、まさに陸の孤島となってしまった。山北駅は箱根越えのための機関車の基地で、昭和初頭のデータでは、国有鉄道の駅員一二〇名、機関区員三六一名、車掌区員八〇名、保線や検車区員、購買部や診療所を合わせると、国有鉄道に従事している者だけで約六五〇名もいた。その家族の多くも山北に住み、山北はまさに鉄道の町だった。町ではすぐに食料不足に陥った。建物の仮復旧のための木材も手に入らない。

山北駅構内の留置線には、四九両の貨車が停留し、その半分は脱線していた。それらの貨車に積載されている米、麦、野菜などを、一帯の村の村長に渡したり競売に付したりして、付近の人々の手に渡るようにした。貨物四二三列車に積載の荷も、共和村をはじめ付近の村の村長の要求により、分け与えた。内訳は、麦粉一両分、松丸太、米国産杉板、米国産杉角材、鉄材など各一～二両分である。

この列車は九月二十七日、名古屋鉄道局応援団の協力を得て山北駅へとバック運転で戻る。それまで、ひと月近くも現地に留め置かれたので、地元でもかつては関東大震災の時の記憶として、よく語られたようだ。たとえば、この列車には二、三十頭の乳牛も積まれていて、事故後扱いに困っていたので、近くの共和村が引き取って酪農を始めて、昭和四十～五十年代には山北など足柄地方でよく飲まれていた「共和牛乳」の発祥のもととなったという話などである。実際は震災の前年に「共和畜牛組合」が同村にでき、種牛を他県から購入しているので、この話は、都市伝説ならぬ山里伝説にとどまる。ただし牛が積まれていたのは事実のようで、「子牛五、六頭求むる秣（まぐさ）も無くして、力なく哀号しているのは憐れであった」と九月十日にこの地を歩いた雑誌記者（『実業之日本』）が書いている。

余談になるが、戦時色が濃くなった昭和十八年、丹那トンネルの開通（昭和九年）で列車本数が減った御殿場線は、軍の方針により、複線のうち片方を取り外されて単線にされた。取り外したレールは、路線延長工事をしていた横須賀線の横須賀～久里浜間や、広島の呉軍港線への転用が計られたという。この時、平行弦トラスが特徴的な第二酒匂川鉄橋下り線の橋桁も撤去された。

そしてこの橋桁二基が、アカデミー作品賞を受賞した米国映画『戦場にかける橋』

（昭和三十二年公開）のモデルとなったタイ王国のクワイ川（クウェー川）鉄橋に転用されたという証言がある。

クワイ川鉄橋は、太平洋戦争中、日本軍によりタイとビルマを結ぶ泰緬鉄道の鉄橋として建設された。連合国軍の捕虜を大勢使役させて作ったことが、映画のモチーフになっている。戦時中に橋は完成したものの、連合国の空爆により昭和十九年、一部が破壊されてしまう。終戦直後、戦後賠償として、日本政府がこの鉄橋の修復を行った。この時に、第二酒匂川鉄橋の橋桁が使われたという。

証言者は、昭和十八年三月に山北町からビルマに出征した杉崎一郎さん。谷峨駅開業五十周年記念誌『山峡の駅半世紀』によると、以下のとおりである。

杉崎さんは、もっとも悲惨な結果となったインパール作戦、森兵団の一員で、野戦建設部隊として転戦、六五〇人中生き残った五〇人の一人だった。タイで野戦病院の建設に従事している時、泰緬鉄道クワイ川鉄橋修理の応援を命じられ、部下五人と橋脚の弾痕修理にあたった。その時、小隊長から「あの鉄橋はお前達の故郷山北町の御殿場線から持ってきたものだ」と知らされてびっくりしたそうだ。杉崎さんは、終戦後一年以上経った昭和二十一年九月に復員、戦後国鉄へ復職した。

現在のクワイ川鉄橋は、曲弦トラスの橋桁が連なる中、曲線部分のない平行弦トラスが中央付近に二基繋がっている。第二酒匂川橋梁の平行弦トラスとそっくりで、この部分が移設したものとされる。クワイ川鉄橋へは、近年多くの旅行者が訪れ、観光用のトロッコ列車も運行されている。タイ政府では、この鉄橋を含む泰緬鉄道の世界遺産登録を目指しているという。

現在、御殿場線の第二酒匂川橋梁の旧下り線箇所には、橋桁が取り払われた煉瓦積の橋脚が残り、複線時代を偲ばせている。

◎下り特急一列車（70～71頁地図5）　東京発下関行き　岩波信号場　大地震が発生した時、特急や急行など優等列車はどこを走行中だったのだろうか。東海道・山陽本線には、東京～下関間に特急と急行がそれぞれ一日二本、東京～神戸間に急行が一日四本運行されていた。東海道を日中走るのが特急、夜行が急行というダイヤ設定である。地震の起きた午前十一時五十八分に、線路の被害が大きかった東京～沼津間を運行していたのは、下りの特急二本と、前述したとおり新橋に停車中だった上りの急行六列車だけだった。
東京九時三十分発、下関行き特急一列車は、洋食堂車が付き、一等二等車のみの編成。一等が現在の東北新幹線グランクラス以上、二等がグリーン車といったところだろうか。主に商用、公用で政官財界の名士たちが多く利用したまさに花形列車である。大阪二十時十二分着、下関に翌朝八時三十分着と、もちろん利用しやすい時間帯を走る。

もう一本の特急三列車は三等車のみの編成で、東京八時四十五分発。特急一列車より先行して走っている。こちらには和食堂車が付いていた。三列車は、いわば一列車の露払い、引き立て役といった感がある。

第2章の冒頭、東京駅で急行六列車の出迎え人が四〇名程度で少ないと記した。たとえば大正十一年の統計で、東京駅では入場券が一日平均三八〇八枚売れている（『東京駅要覧』）。入場券を買った人がすべて見送り客ではないが、やはり特急一列車の発車や二列車の到着には、一〇〇名をゆうに超える送迎人が集まり盛大な光景だったことを示す数字である。

公式記録である『国有鉄道震災誌』によれば、地震発生時、下り特急一列車は、御殿場の先十キロほどの岩波信号場を通過中だった。機関手も激震を感じ、直ちにブレーキをかけて停車し、前途の安全を確かめるため、その場に三時間二十四分停車する。その後徐行運転で進行し、沼津には三時間五十分遅れで辿り着き、下関には五時間三十分遅れで到着する。

九月三日の大阪毎日新聞に、特急一列車専務車掌の実見談が載っている。

「この日第一列車の御殿場通過時刻が、定時より二分間早く、もしもう少し遅れて進行していたならば、トンネルや切り通しが続く区間で、列車が埋没してしまう運命を免れえなかっただろう。地震の揺れは甚だしく、線路が波状形になっているところを冒険的に進行し、富士岡から裾野まで続く急勾配を下りながら岩波信号場まで来た時、『危険』の信号に接し、三時間の臨時停車となった。この間沼津より線路工夫を満載した貨物列車がやってきて、工夫の奮闘により漸く復旧して再び進行を続けた。沼津への途中、大庭村という一村が全滅しているのを目撃した時は、さすがに慄然とした」

公式記録では、激震を感じて列車はすぐに停車したとされている。一方、専務車掌の話では、富士岡付近で地震を感じ、次の岩波信号場まで、線路が少し歪んで波打つ中を冒険的に（徐行したという意味か）運行したとある。どちらが正しいかは定かでないが、当時の列車ダイヤ表を見ると、もし地震発生時に岩波信号場を走行していたとすると五分以上定時より早く運行していることになる。地震発生後も列車を先に進ませたのは危険で誤った判断、と評価されかねないので、乗務員や関係者が、その後聞き取り調査される際、地震発生後に直ちに停車したと報告し、公式記録でもそうなったのだろうか。

また、専務車掌の話に、もう少し遅れて進行していたならば、とあることに関しては、実際にもし列車が三十分ほど遅れて運行していたら、山北〜谷峨間の崩壊したトンネルの下敷きとなっていた。

さらに付け加えると、九月六日、専務車掌の話にもある、富士岡から裾野まで続く下り坂の急勾配部分で、大惨事が起きている。線路工手など鉄道従業員を乗せた御殿場発の下り臨時貨物列車が、裾野駅の分岐器部分の急カーブ箇所で、スピードオーバーにより機関車及び貨車二九両が脱線、うち貨車二三両が粉砕された。一三名が死亡、一〇名が重軽傷を負っている。仮復旧させていた線路を本格的に復旧させるため、線路工事の要員が多数貨車に乗せられていた臨時貨物列車だった。死亡のうち一名は一般乗客で、同区間のダイヤが乱れていたため、職員の制止も聞かずに無理やり乗車して被災した。

事故原因として、公式記録には、ブレーキの不具合を示唆する内容が書かれているが、断定はしていない。激震があった当日直後、やはりこの区間を線路の安全確認を待たずに徐行運転で進んだのは、かなり危険性が高かったのではないか、という気がますますしてくる。

犠牲になった線路工手は、「国有鉄道従事員」ではなく、「建設、改良など鉄道局以外の所属員」、すなわち臨時雇いだったため、「職務遂行上の九月十五日までの死亡者」とする、関東大震災における国有鉄道殉職者の扱いにはならず、十一月十五日に鉄道大臣臨席のもとに行われた殉職者祭典の対象者にも入れられていない。

横須賀線

大船から横須賀まで延びていた同線には、地震発生時、上り旅客列車一本、同貨物列車一本が運行されていた。旅客列車は左記のように被災し、貨物列車一本も、鎌倉駅で入れ替え作業中に貨車四両が脱線している。田浦駅、横須賀駅周辺に軍の施設が多いため、大船〜田浦間はすでに複線化されていた。

◎上り普通五一四列車（70〜71頁地図8）横須賀発東京行き　田浦〜逗子間　田浦駅を十一時五十五分発、沼間トンネル（現在の田浦〜東逗子間）内を走行中に地震を感じ、機関手がすぐに列車を停車させた。トンネルの出口が破壊されていて、付近の煉瓦の崩落も甚だしかったため前進を諦め、バック運転により、最後部だった客車が先頭になる形で、車掌が前方を注視しながら進んだ。列車がトンネルを出た直後、進行方向左側の切り通しの斜面から、土砂が崩れ落ちてきた。それを発見した車掌は、直ちに客車に備えられている非常ブレーキをかけたが、土砂に激突。先頭の客車が脱線し、次の車両がこれに乗り上げ、死者三名、重軽傷者六名の事故となった。

この列車には、海軍水雷学校の生徒だった皇族の華頂宮博忠王が乗車していた。殿下は前の方（機関車に近い方）の車両に乗っていたので、かすり傷ひとつ負わなかった。海軍水雷学校は、田浦駅近くの港に面して立っていて、そこから沼間トンネル付近での非常汽笛が聞こえる。殿下が乗った列車が事故にあったことを察知するや、職員以下十数名が現場へ駆けつけた。そのおかげで、同列車の一般旅客負傷者はすぐに救助され、近くの海軍病院へと搬送されている。

一時「安否不明であった華頂宮博忠王は、横須賀第一隧道において御乗用の列車に土砂崩壊し之が為めに薨去遊ばされた」（『大阪毎日新聞』九月五日）といった死亡記事も新聞に大きく載ったが、後に訂正記事が出されている。

熱海線

昭和九年の丹那トンネル開通後は、東海道本線となる区間だが、大正十二年段階では、国府津を起点に、真鶴まで延びていた。地震発生時には、上下二本の旅客列車が運行していて、とくに東京発真鶴行き普通一〇九列車が、関東大震災で最大の列車被害を受けた（第1章参照）。

横浜線

東神奈川〜八王子間の同線を地震発生時に運行していた列車は、貨物列車一本だけ。電車が頻繁に運行する現在とは、隔世の感がある。その上り貨物八五二列車（70〜71頁地図9）は、長津田〜中山間を走行中に貨車六両が脱線した。

旅客列車は、十一時五十八分に地震が起きた時、東神奈川十二時〇〇分発、八王子十二時〇五分発の各始発列車が、ホームで出発を待っているところだった。

中央本線

東京から国分寺まで電車が走り、それより先の立川、甲府、松本方面へは、飯田町（現飯田橋駅付近）始発で、蒸気機関車牽引による旅客列車が運行されていた。電車線区間の被害は後述するとして、中長距離の汽車に関しては、地震発生時、飯田町〜大月間に旅客列車三本、貨物列車四本が運行されていた。与瀬（よせ）（現相模湖）〜上野原間の与瀬トンネルの内部が崩壊するなど、線路の被害は数カ所であったが、そうした地点を走行中の列車がなかったため、列車はすべて無事だった。

東北本線

地震発生時に上野〜大宮間では、旅客列車三本、貨物列車四本が運行されていたが、列車事故は起きていない。ただし、赤羽〜川口町（現川口）間の荒川鉄橋の橋脚が沈下し走行できなくなった。川口町以北は、震災の当日中に復旧している。

常磐線

地震発生時に日暮里〜土浦間で、旅客列車四本、貨物列車七本が運行されていた。震源域からかなり離れているが、地盤のゆるい手賀沼付近と霞ヶ浦付近で、線路築堤の沈下などにより列車が転覆した。前者は我孫子〜柏間の貨物列車で、貨車四両の転覆、後者は下記旅客列車である。

◎上り普通八一四列車　久ノ浜発上野行き　土浦〜荒川沖間　東（あずま）信号所構内の塚田川（花室川）鉄橋付近の線路が約六〇センチ沈下していたため、そこを通過した機関車の炭水車が脱線、一号車から六号車までも脱線して右側に三十度傾き、七号車と八号車は車体が転覆して噛み合ってしまった。即死者一名、手当て後死亡八名、重軽傷者四七名の惨事となった。

土浦駅長は、事故の報を受けると、四名の鉄道医に連絡し、近在の四名の開業医と共に現場に急行させた。続いて日本赤十字など各病院より派遣された医療スタッフを乗せた救援列車が水戸から到着すると、海軍航空隊の救護員と共に、負傷者の手当を施した。その後負傷者を、まず土浦駅へと搬送し、重傷者を市内の病院に収容させた。

茨城県は、東京都や神奈川県と異なり、地震による死傷者が少なかったので、事故後の医者の手配なども、比較的手厚く行えたようだ。

総武本線

当時御茶ノ水〜両国橋（現両国）間が未開通で、千葉方面への列車は、両国橋が始発駅だった。総武本線は千葉を経由し、佐倉・成東・銚子へと延びていた。両国橋〜千葉間は地震の揺れによる被害は少なく、同区間では旅客列車四本、貨物列車一本が運行されていたが、被災した列車はない。ただし、その後に起きた火災により、両国橋〜錦糸町間は、駅舎の焼失をはじめ甚大な被害を受ける。

北条線

現在の内房線にあたる路線で、蘇我から木更津、安房北条（現館山）を経て江見まで延びていた。関東大震災では、湘南地方から熱海にかけてと、房総半島の南部が最も大きく揺れ、安房北条では震度七相当の激しい揺れに襲われた。

地震発生時に蘇我〜江見間では旅客列車三本、貨物列車二本が運行されていた。その中で、安房北条〜九重間で旅客列車の機関車が脱線、安房勝山〜岩井間で貨物列車の貨車八両が脱線または転覆している。路盤の沈下被害は八・四キロに及び、東海道本線の次に多大だった。とくに木更津以南で被害が大きかったものの、東海道本線より列車本数がずっと少ないこともあって、運行中の列車で負傷者のでる事故は起きなかった。

安房北条駅では、機関車庫内と留置線にいた機関車五両が、揺れにより横転した。その形式を見ると、５５００形（５５５７号機、５５５８号機）、５９００形（５９０８号機）、６７６０形（６７８７号機、６７９５号機）である。５５００形の二両は明治三十一年の英国ベイヤー・ピーコック社製で日本鉄道が輸入したもの、５９００形は明治三十年の米国ボールドウィン社製、６７６０形の二両は大正四、五年の川崎重工

北条線（現内房線）安房北条（現館山）駅の機関庫。激震で建物全体が傾斜し、機関車は横転して破損した

製。これらはいずれも動輪が二軸のB形機関車で概して動輪直径も小さく、東海道本線の旅客列車を牽引していた8620形やC51形といったC形機関車に比べると、明らかにスピードが劣る。

地震発生時に北条線を走行していた機関車の形式は不明なのだが、安房北条駅にいた機関車から類推すると、これらB形機関車が本線上を走っていただろう。北条線は線路規格（レールの重さや路盤の状態）も低く、旅客列車の運行速度は、東海道本線より少なくとも数十キロは遅かったはずである。このことが、北条線の運行列車の被害を少なくしたとも推測される。

4――線路、橋、トンネル

線路や鉄道建造物が甚大な被害を受けた区間は、地震の震源域だった地域とほぼ一致する。『国有鉄道震災誌』によれば、被害の最も激しかったのは、東海道本線の大船〜駿河（現駿河小山）間（主な途中駅、国府津、山北）熱海線の国府津〜真鶴間（主な途中駅、小田原、根府川）横須賀線の大船〜横須賀間（主な途中駅、鎌倉、逗子）北条線（現内房線）の安房勝山〜南三原間（主な途中駅、安房北条、千倉）とされている。これらの区間では、いたる所でトンネルの崩壊・内部壁の亀裂、橋桁の落下、橋脚の切断、築堤の沈下、切り通しの斜面崩壊などの線路被害が発生している。また、駅舎など駅の建造物もほとんどが倒壊または半壊した。このほか、火災による被害があり、それらは第5章でふれることとする。ここではとくに被害が大きかった場所をみてみたい。

◎東海道本線馬入川(相模川)橋梁(鉄橋)　関東大震災で最も被害の大きかった鉄橋が、茅ヶ崎〜平塚間の馬入川鉄橋である。長さ約六五〇メートル、上り線用が明治二十一年竣工、下り線用は複線増設として明治三十二年竣工した。『アサヒグラフ大震災全記』の記者によれば、「目の前の馬入川鉄橋は、蛇がノタくって居るようだと云おうか、百足が八裂きにされているようだと云おうか、頑丈な橋脚が、川の底からひっくり返って無惨な光景だ」と描写され、ここに来るまで各地で倒壊した建物を多数見てきたはずの記者の目にも、この変り果てた鉄橋の姿は、強烈な印象を与えたようだ。

橋桁は計五六連のうち四七連が落下、橋脚も計五四基のうち四四基が途中で切断され転倒した。この区間を走る蒸気機関車が大型化してきていたため、橋の強度不足を補う必要が生じ、上り線橋梁が明治四十五年、大正五年、十一年と補強工事を行っていたが、大地震の前にはまったく効果がなかった。

この他、熱海線の酒匂川橋梁(鴨宮〜小田原間)は、複線用トラス橋桁が一連、横転して墜落、熱海線の玉川橋梁(早川〜根府川間)は、橋桁各八連のうち上り一連、下り七連が墜落、熱海線白糸川橋梁(根府川付近)にいたっては、第一章で述べたように土石流で流されてしまう。

◎東北本線荒川橋梁　長さ九二五メートルの複線鉄橋。被害の程度はさほど大きくなかったが、赤羽〜川口間にあるこの鉄橋が傾いて列車が通れなくなったため、東北本線、高崎線の列車に大きな影響を与えた。この鉄橋のすべての橋脚が川上方面に傾き、最大で約一・五メートル沈下した。二基の橋脚が上下で切断され、上部と下部とで最大五センチのずれを生じた。

応急工事として、傾いた橋脚の前後に枕木で枠を組み立て橋桁を支えた。この区間は片側単線の復旧が九月四日、複線の復旧が九月十七日となっている。

◎北条線の橋梁群　上総湊〜浜金谷間の湊川橋梁は、全長三〇〇メートル、大正四年竣工の単線鉄橋で、橋脚一七基のうち一三基が水平に切断され、その上下で最大一メートル近くのずれを生じた。九重〜千倉間の第一瀬戸川橋梁は、全長四〇メートルと短いが、橋桁が二連墜落している。このほか上総湊以南の橋梁は、その多くの橋脚が水平に切断された。また、各橋梁付近の線路は、川の堤防へと高度を上げるために築堤上を進むが、木更津より南では、そうした築堤のほとんどに、沈下などの被害が見られた。那古船形駅付近の線路築堤では、延長三〇〇メートルにわたり最大四メート

北条線（現内房線）第一瀬戸川橋梁。九重―千倉間。激震で橋脚が切断され、橋桁が落下している

ル陥没した。

◎東海道本線箱根隧道（トンネル）　山北駅を出て最初に入る箱根第一号隧道から駿河駅手前の箱根第七号隧道まで、途中に谷峨信号場を挟んでトンネルが点在している。いずれも上下線が別々の単線仕様である。この区間のほとんどのトンネルが大なり小なり被害を受けたが、その最大のものは、第七号隧道だった。下り線用が明治二十一年の竣工、長さ約二三〇メートル、上り線用が明治三十一年の竣工、長さ約二一〇メートルである。このうち上り線用が二カ所で合計約一五メートルにわたり上部が陥落し、内部が完全に塞がってしまった。

また、付近の土砂崩れをともなって、山間部での東海道本線中最大の被害となったのが、箱根第三号と第四号隧道及びその間である。第三号隧道では上下線とも沼津寄りの坑門は落下してきた土砂で破壊され、坑門付近のトンネル内部も崩れた。第四号隧道も東京寄りの坑門は、上下線とも深く埋没してしまう。両トンネルの間で、線路は五〇メートルほど山峡に顔を出すが、その部分は大量の土砂で埋まってしまった。

現在JR御殿場線の線路は、旧第三号と旧四号をつなげてしまい、途中地上には出ずに走っている。御殿場線の下り電車に乗り、山北を出ると、第一号、二号トンネルは、昔の上り線のトンネルを通り、廃止になった下り線のトンネルを左手車窓に見ることができる。三番目のトンネルに入る前後、酒匂川が深い谷を作っている地点などで、箱根越えの最大の難所だった雰囲気を味わえる。

橋脚倒壊（基）	橋脚亀裂・ズレ（基）	被害隧道数
44	34	16
1	2	2
0	4	13
6	15	11
0	3	15
0	32	—
1	1	—
0	10	—
0	85	—
1	37	24
53	223	81

◎中央本線与瀬隧道　与瀬（現相模湖）駅を出て甲府方面へ二五〇メートルほど進んだ所に位置する、長さ二九三メートルの単線トンネルで

表7　線路構造物の被害

線名	被害延長（キロ）	被害を受けた線路の比率(%)	築堤沈下延長（キロ）	最大沈下(m)	橋桁墜落
東海道本線	149.5	26	42.2	8	2河川49連
横浜線	12.9	26	7.9	5	1河川1連
横須賀線	4.8	13	0.8	2	—
熱海線	11.3	38	3.9	10	8河川26連
中央本線	15.1	8	4.0	2	—
東北本線	28.8	13	2.1	1	—
山手線	9.7	7	0.6	0.3	—
常磐線	5.5	3	1.6	2	—
総武本線	21.7	16	4.0	2	—
北条線	26.7	20	8.4	4	1河川2連
合計	286.0	17	75.5		12河川78連

延長キロは、単線換算で、複線の場合は2倍となっている

ある。当時は、ダム湖である現在の相模湖ができていず、相模川渓谷に張り出した山腹を貫通していた。その同トンネル内部が、激震で約六〇メートルにわたり崩壊した。

新宿より西で中央本線の大きな被害箇所は、与瀬トンネルだけだったものの、この影響は大きかった。東海道本線が神奈川県内各地で壊滅的な被害を受けているため、名古屋、大阪方面へは、塩尻経由の中央本線がその代替ルートになるはずだったが、この区間が不通になって、それができなくなった。そのため、九月七日、与瀬トンネルを出た先、横道第一・第二の両トンネルに挟まれた約九〇メートルの区間に与瀬仮乗降場を設け、ここを甲府方面の列車の発着所とした。乗降場といっても板張りの狭いホーム一本と、新聞に「肥料小屋のような」とも書

かれた仮設テントがあるだけのものである。東京方面から甲府や塩尻方面へ向かう乗客は、与瀬駅からこの仮乗降場へ一キロ半ほどの道を歩いて連絡した。この区間を最後に中央本線が全通したのは、十月二十五日である。

与瀬トンネルの崩壊箇所は、与瀬駅側の入口から一〇〇メートルほど入った所で、ちょうどその真上に与瀬神社の参道が通っている。トンネルは参道を勝手に横切るような形で掘られていった。この地点は建設工事の際も、異常出水に悩まされたと記録にある。苔むした急な石段など神域の雰囲気が色濃い与瀬神社を訪れてこのことに気づいた時、何か土地のもつ不思議な力を感じてしまった。

5――大破、消滅した駅

第2章で地震発生直後の東京駅と上野駅の様子を見てきたが、各地の駅でも駅本屋の倒壊、大破をはじめ様々な被害を受けている。以下、被害が多いと報告された東海道本線大船駅以西を見ていこう。

◎大船駅　駅構内の建造物は、ランプ小屋を除きすべて倒壊か大破。線路やホームもいたる所で陥没した。下り貨物六〇五列車は、四番線に停車中、前から四両目と五両目が転覆、六両目が脱線。前部車掌は、倒壊したホーム上家の下敷きになり即死した。上り貨物六二四列車も構内の地盤沈下により傾いて脱線。被災した機関車は、9600形の59674号機。同機は、昭和五十年まで活躍し、稚内機関区で引退している。貨車の積荷のうち、腐敗しやすいものは競売にかけ、その他のものは、軍隊に保管を委託した。

◎藤沢駅　駅舎は倒壊しペチャンコになる。停車中の上り貨物六〇〇列車の機関車は線路上で傾斜、貨車は転倒または脱線した。

◎辻堂駅　駅舎は半ば倒れ、旅客ホームの待合室と上家、貨物ホーム上家は全壊した。

◎茅ヶ崎駅　駅舎やホーム上家が倒壊。待避線に停車中の下り貨物六二五列車は、機関車と前寄りの貨車三両が転覆。一番線にいた上り貨物四一〇列車も停車中の機関車と貨車三三両が、いずれも海側に脱線または転覆した。両列車とも牽引機関車は96

茅ヶ崎駅。停車中だった9600形機関車が転覆している。同形は機関車の中でも重心が高い設計だった。ホーム上家も倒壊している

00形で、59673号機と29685号機である。59673号機は後に軍の要請で中国大陸へ渡るという数奇な運命をたどる。

◎平塚駅　駅舎、待合室など建物全部が倒壊し、跨線橋のみ原形をとどめるという有様だった。東京行きの列車を待っていた旅客のうち四名が即死、数十名が重軽傷を負った。駅員にも負傷者が出た。駅舎内で散乱していた乗車券は、屋根を破って取り出し、停車中の有蓋貨車に収納した。

　隣の茅ヶ崎駅との間にある馬入川の鉄橋が落ちたため、鉄道伝令員、復旧工事出張員が東京方面と往来するのに多大な

支障をきたしていた。渡し船が料金十銭でピストン輸送をはじめていたが、日没後は危険なため運航を中止していた。しかし上記職員の往来は緊急性が高いため、駅長が郡長に交渉して、二十四時間無料で彼らが渡船できるようにした。

◎大磯駅　駅舎、貨物保管庫、ランプ小屋、ホーム上家、風呂小屋などすべてが倒壊した。跨線橋のみ一部破損に留まる。待合室の旅客一名と官舎居住の職員家族二名が圧死した。

◎二宮駅　二分遅れで到着した下り小田原行き普通一一一列車がまさに出発しようとした時地震が起き、発車を見合わせた。乗客全員を降ろし、上り側線の安全地帯にいったん避難させた。その後、列車の運行停止を通告し、切符に下車印を押して後日どの駅でも払い戻しができるようにした。同駅に停車した客車は、住むところを失った職員、村民、徒歩避難者に開放した。構内は、駅舎が大破して傾斜し、余震のたびに傾斜の度を増し、九月五日朝に倒壊した。

◎国府津駅　駅舎の被害は大きかったが、辛うじて倒壊は免れた。小田原寄りの留置線で機関車と客車が一編成、脱線転覆した。当駅は東海道本線と熱海線の分岐駅であり、機関庫がある。大正十二年には、駅や機関区、保線や通信区派出所の職員合わせて四六〇名が働いていて、前述した山北の町と並び鉄道の町として知られていた。東京、横浜や湘南方面で被災して、西へと徒歩避難する人が箱根越えを前にして躊躇したり、それに備えて休息したりするため、駅構内は、九月四日に一〇〇〇人以上、五日に二〇〇〇人以上の人で溢れた。避難民は、客車や貨車の中で寝泊まりしたが、そこにも入り切れず線路に座り込む人も多かった。そのため駅では炊き出しも行った。

◎小田原駅　駅舎は大きく傾き、構内の多くの建物が倒壊した。入換中の機関車（48659号機、58684号機、622号機）も転覆したが、駅職員からは軽傷者六名を出しただけだった。また、『国有鉄道震災誌』の表現によれば、「停留中の貨車に対しては監視を怠らなかったが、二日朝十時頃、火災のため糧食に餓えた多数の罹災者に襲撃され、食料品以外のものまで略奪された」。

　また、陸軍元帥でもあった皇族の閑院宮載仁（かんいんのみやことひと）親王と同妃、ならびに姫宮二人が小田原別邸に滞在中だったため、地震発生直後の余震が続く中、駅長以下駅員七名が、市内の城山にあった同邸宅に、救助応援に駆けつけた。家屋は倒壊し、寛子（ひろこ）姫はすでに圧死されていた。閑院宮は無事で、駅員は食料や応急品の要望を受けその対応に努めた。殿下は九月三日、駆逐艦で帰京した。

東海道本線、熱海線以外では、被害が大きかった横須賀線沿線で、駅長が的確な処置をした事例として、鎌倉駅の様子をみてみたい。

◎鎌倉駅　九月一日午前十一時五十五分、鎌倉駅一番線に貨物三二列車が到着した。いつものとおり、機関手と駅の貨物掛は、貨車一両を上り本線に引き出す作業を始める。駅舎では、駅員が普段よりやや緊張した面持ちで、十二時十四分発予定の東京行き普通五一四列車を迎えようとしていた。この列車には華頂宮博忠殿下が乗車しているため、乗客がみだりに殿下の乗る車両へ入っていかないように、乗客誘導を細心の注意で行う必要があった。ちょうど避暑客が鎌倉から引き上げる時期にあたり、駅待合室には普段より多い約一〇〇名の乗客がいた。切符を購入するだけでなく、手荷物の託送を申し込む者も多く、駅員は受け持ちの仕事に忙殺されていた。その時、天地を揺るがす激震が襲来する。

待合室にいた乗客はすぐに皆駅舎の外に飛び出した。屋内にいた駅員は逃げる暇な

被害跨線橋数	駅地下道数	被害地下道数	給水槽数	被害給水槽数	全井戸数	被害井戸数	全信号機数	被害信号機数
15	6	2	16	10	75	15	510	175
1	0	0	—	—	14	2	32	5
2	1	1	—	—	15	9	40	2
2	3	3	8	4	7	7	31	24
9	5	2	12	3	18	0	261	27
1	1	0	14	0	97	3	252	17
1	7	1	2	0	23	0	156	4
0	2	0	16	3	18	0	186	0
0	3	1	13	0	36	5	229	1
0	0	0	12	0	73	41	152	7
31	28	10	93	20	376	82	1849	262

く机の下などに身をひそめて、揺れがおさまる隙を見て屋外に飛び出た。駅舎は壁が落ち、窓ガラスが割れたが、倒壊することなく約三〇センチの傾斜にとどまった。ホームにはすでに乗客二〇名ほどが出ていて列車を待っていた。ホームの屋根が倒壊してきたが、乗客は屋根の下からうまく逃げ、軽傷の者数名が出ただけだった。ホームにいた駅助役と信号掛一名の頭上へも、ホームの屋根が落ちてきたが、保安器（引き倒して信号を切り替える一メートルくらいの長さの「信号梃子」のことか）の内側に身をかがめて、奇跡的に難を免れた。貨物入換作業中の者も全員無事である。到着するはずの旅客列車は、前述したように逗子〜田浦間のトンネルで被災して、鎌倉駅まではやってこない。

しばらくして駅前の倒壊した民家数カ所より火

表8　駅構造物の被害

線名	区間	全駅数	被害駅数	駅舎倒壊駅数	焼失駅数	駅跨線橋数
東海道本線	東京～御殿場	35	30	8	9	25
横浜線	東神奈川～八王子	7	7	0	0	1
横須賀線	大船～横須賀	5	4	0	0	2
熱海線	国府津～真鶴	5	5	2	0	2
中央本線	東京～猿橋	33	33	0	5	20
東北本線	上野～古河	19	18	0	2	11
山手線	品川～池袋～田端・赤羽	15	14	0	0	7
常磐線	日暮里～土浦	19	16	0	1	11
総武本線	両国橋～成東	20	16	0	2	13
北条線	蘇我～江見	23	21	7	0	2
合　計		181	164	17	19	94

貨物支線の駅も含む。東海道本線には、京浜線も含む。給水槽には給水台も含む

を発し、南風に煽られてたちまち付近一帯が炎の海と化した。鎌倉駅長・大久保為二郎は、線路上に職員全員を招集し非常点呼をかける。狼狽した職員を戒め各職員に役目を振り分けた。駅にいる旅客および避難してきた公衆の救助に当たる者、執務室内にある重要書類、保管荷物を搬出させる者など、持ち場を定められた職員は、機敏に行動を開始した。余震がおさまるのを待って、すばやく駅執務室に入っての搬出作業は、決死の作業でもあった。

猛火は駅構内の人力車及び自動車の車庫を一舐めして焼き尽くし、駅舎の出口に迫ってきた。構内南側では、運送会社倉庫方面から火が移り、貨物ホームにあった米、角材、薪などに延焼して貨車二両からも炎が上がっている。うち一両には白米一〇トンが積んであったが、灰燼に帰すことに

鎌倉駅前の火災の跡。駅舎は鉄道員が消火に奮闘して無事

なる。大久保駅長は、消火に全力をあげるように駅員へ指揮をふるった。貨物ホームに置かれた木炭や、近くの便所の屋根に火の粉が盛んに飛んできて、ここが燃えると駅舎も炎上の危機に陥る。だが、井戸の水はまったく枯渇してしまい、もはや消火のための水がない。やむなく、『鎌倉震災誌』の表現を借りれば、駅員は必死の形相で「尿池の尿水を撒布する」。便所の汚物を屋根へ壁へさかんに降り注ぎ、延焼をここで食い止め、駅舎を守りきった。

午後六時頃、付近の火災はおさまったものの、余震に脅え、津波再来の風説も恐れた被災者が、大勢線路上に避難してきた。津波は地震後しばらくして二回にわたり鎌倉を襲い、鎌倉駅付近では、材木座海岸へと注ぐ滑川を遡って、駅から五〇〇メートルほど南付近までやってきている。その付近では壊された建物の残骸や家財道具などが散乱し、それに土砂が混ざり足の踏み場もない状態だった。

駅長は構内を避難者に開放し、貨物ホームや貨車の荷の中にある食料を避難者に分配する決断をした。まず応急策として駅前広場に大釜を運び出し、貨物ホームにあった粳(うるち)玄米と糯(もちごめ)白米を持ち出して混ぜ、避難者へ炊き出しを行った。その夜駅員は一睡もせず、搬出した重要品や駅にある荷の警戒に当たった。

翌二日、貨物列車に搭載してあった白米五俵、煮干魚五箱を構内にいた避難者に分け与え、白米五俵を駅員及びその家族に支給し、さらに町役場と協議して、貨物ホームに保管されていた糯白米三十二俵、粳白米三俵、粳玄米五俵、醬油七樽、煮干魚三十二箱を救護品として町へ提供した。鎌倉駅員の中には他町村から通勤する者も多く、彼らは家族の安否の確認をする余裕もなくこれまで職務についていたので、この日一部の職員を帰宅させた。

鉄道が不通であり道路も各所で通行止めのため、人々は主に鉄道線路の上を歩いて各地へと向かっていた。線路のほうが道路よりも迷いにくい利点もあった。鎌倉駅ではその後数日、避難者や旅人への案内、飲料水の提供などの便宜を図った。

記録をみる限り、非常時における大久保駅長のリーダーシップは、みごとだった。被害状況に応じての各職員の役割の指示、駅構内の開放、駅にあった食料の提供など、中央との連絡が途絶えた中、すべて独断で迅速に行ったようだ。駅とはその町のシンボルのような場所であり、そこを開放し、貨物は略奪されるのを守るという発想ではなく、逆に積極的に人々へ分け与えた。そのため、各地で発生した略奪などもここでは起きなかった。大久保為二郎駅長は、前に述べた新橋駅長、大磯駅長と共に、後に鉄道省により百円を賞与される表彰を受けている。

このほかの東海道本線、熱海線、横須賀線、横浜線、北条線などでも、駅舎の倒壊や大破の被害を受けた駅も多い。以下、激震による国鉄の建物被害を列挙する。

◎駅舎倒壊　東海道本線大船、藤沢、辻堂、茅ヶ崎、平塚、大磯、二宮、下曽我、熱海線鴨宮、根府川、北条線（現内房線）佐貫町、岩井、那古船形、安房北条（現館山）、九重、千倉、南三原、久留里線横田

◎駅舎大破　東海道本線神奈川、程ヶ谷（現保土ケ谷）、戸塚、国府津、松田、山北、

高島、海神奈川（貨）、横浜線小机、原町田、横須賀線鎌倉、逗子、田浦、横須賀、熱海線小田原、早川、真鶴、中央線牛込、総武本線亀戸、千葉、北条線木更津、周西（現君津）、青堀、大貫、上総湊、浜金谷、保田、安房勝山、富浦、久留里線馬来田

◎構内官舎倒壊　山手線大崎、東海道本線東神奈川、程ヶ谷、戸塚、久保（信号所）、大船、藤沢、茅ヶ崎、平塚、大磯、国府津、下曽我、松田、山北、横須賀線鎌倉、逗子、田浦、横須賀、横浜線中山、原町田、相原、熱海線鴨宮、小田原、根府川、真鶴、東北本線秋葉原、北条線周西、佐貫町、保田、那古船形、安房北条、九重、千倉、南三原、信越本線軽井沢の各駅構内官舎一一二戸、合宿所一一戸

この他、焼失した建物２０１頁参照。

工場被災

◎大宮工場　変電所では煉瓦壁が全壊し屋根も墜落、また旋盤組立鍛冶職場の煉瓦壁も倒壊した。このため工員などに死者二十四名、重傷者二十一名が出た。暑い時期なので日射しを避け、壁にもたれて弁当を食べていた多くの工員が犠牲となった。大宮工場の建物は、国有化される前の日本鉄道時代からのもので、設備も、最新の大型機

関車や電気機関車の修繕には向かない旧式のものだった。そのため震災を機に、新しい設備を持つ工場に改築された。

◎大井工場　建物の全壊、半壊はなかったが、屋根からコンクリート塊の落下などによる被害が出た。同工場で扱うのは電車、客車、貨車で、それらの車両が仮台から墜落転倒するなどの被害があった。製造中の摂政宮殿下御慶事用御料車と御料車庫内に保管する御料車は、地震後詳細に点検したが、異常はなかった。

6――水を確保せよ

列車の運転には、蒸気機関車の燃料である石炭が必要である。関東大震災ではそれ以上に、機関車への水の確保が問題だった。いうまでもなく、蒸気機関車は蒸気の力で走るので、炭水車などに大量の水を入れて走っている。そのため機関車に水を入れる給水設備が、各機関庫や途中の主な駅に設けられている。

強い揺れにより東京や横浜市内の水道は断水し、井戸も崩れて使えなくなったものが多く、水不足が市民生活を脅かしていた。そうした状況の中、東海道本線では、各機関庫の給水設備が壊れたため、川崎駅付近の六郷川（多摩川）鉄橋上に給水設備を仮設置するといった、一見破天荒な作戦を行おうとする。

九月六日、国鉄大井工場より木製一〇トン水槽及びポンプ二基を運び出し、6300形機関車一両を鉄橋上に据え付ける手配をした。下を流れる川からポンプで水を機関車の炭水車や水槽に汲み上げようというわけである。たとえば9600形蒸気機関車の炭水車の水容量が一三トンほどなので、この水槽と6300形の炭水車があれば、とりあえず機関車一台への給水には事足りるだろう。しかし六郷川は、流水量は十分あるものの川の水面から鉄橋上までの高度差が大きい。また、この地点は満潮時に海水が遡る汽水域であり、水に塩分が混じっていて機関車の水には使えない。そのため大船駅構内の笠間川（砂押川）の川上に設置場所を変更し、九月十日に使用を開始した。十月二十一日、大船駅に従来からあった給水槽が復旧し、川から取水する仮設備の使用は停止した。

以下主な機関庫の状況を記してみよう。

◎東京機関庫　東京市水道局の水道水を利用していたため、地震とともに断水してしまう。予備水槽には七五トンほどの水があり、各機関車の炭水車にも相当量の水が入れられていたが、庫員及び避難民の飲用などにあてたので、二日間で尽きてしまった。九月五日頃から水道が出るようになったが、水圧が低かったので、機関車への給水は、しばらくの間ほとんどを大井工場で行った。

◎品川機関庫　地震発生後は、機関車の中の水や機関庫水槽の水は、市民の飲用水にあてた。機関車への水は大井工場、池袋駅、田端機関庫などで給水した。九月二十日頃から水道が復旧した。

◎高島機関庫　横浜市の水道が断水しているため、一三両あった機関車の中のすべての水を飲用として使った。九月十七日、線路復旧とともに、毎日機関車の重連（二台連結）運転で、牽引能力一杯の両数の給水貨車を連結して川崎へ向かい、運転用ならびに飲用の水を運んできた。十月二十二日、機関庫の水道が復旧した。

東京でも横浜でも、機関車の炭水車の中の水や機関庫の水槽の水を飲用して大丈夫だったのか、という疑問も湧くが、炊事などに使ったものも多いようだ。そのまま飲んだ人もいたようで、被災者の中には、腹痛や下痢を起こした人も多い。東京駅前に十月十九日まで設置された鉄道救護所の記録では、期間中の患者二一七七名の中で、最も多かったのが三八二名の胃腸病だった。次に多いのが感冒（風邪など）の二四九名、刺創（刺し傷）二四六名、切創二一七名と続く。なお、東京駅では震災当日より陸軍の救護班により傷病者の治療を開始、九月七日からは、神戸鉄道局から派遣された救護員により鉄道救護所が設置されている。

◎国府津機関庫　煉瓦積の給水槽土台が倒壊し、水槽が横転したが、穴があくことはなく元に戻して使用できた。ただし、水源地からの水路に土砂が流入し給水不能となってしまった。九月十五日、水路の修復が完了し使用を開始した。

◎山北機関庫　給水槽は土台の煉瓦が破損したため落下し、使用できなくなった。水源地からの水路も土砂で埋まってしまったので、水路を掘り出し、まず上り場内信号機付近までの水路を復旧させた。この場所は線路が切り通し下を通る部分で、近くの線路の上まで水路を引いてその先に樋と桶を取り付け、桶で炭水車の真上から水を入れる装置を設けた。まことに原始的な仕掛けである。しかし九月十四、十五日の大雨での山崩れのため水路の水は濁水となり、機関車用として利用できなくなってしまった。しばらくは雨水と少量の湧水でしのぐしかなかった。給水装置の仮復旧が完成したのは、九月二十一日だった。

◎飯田町機関庫　火災のため給水設備は全焼。九月三日に機関車運転開始の際は、隣りの牛込駅付近の水源からその近くに停めた機関車へ、機関庫職員がバケツリレーの形で水を運んだ。これを九月八日まで継続した。炭水車へ満杯の水を入れたかどうかは分からないが、炭水車の水容量が八トン程度の小型機関車の場合でも、一杯一〇リットル入るバケツでは八〇〇杯分のバケツリレーが必要となる。その後、新宿給水場の電気が復旧し、場内の掘井戸からモータで水を汲み上げ、機関車へ給水できるようになり、そこで給水した。

◎上野機関庫　水道管破損のため給水不能となり、深さ一メートル半の池を掘り、そこへ破損した鉄管から漏れる水を貯めた。五馬力の小型ポンプを池に設置し、水槽に水を押し上げ、機関車へと給水した。不足分は、大宮、熊谷、小山、土浦、田端で給水した。

◎亀戸駅　両国橋〜亀戸間は火災で被害を受けたため、九月二日より亀戸駅が総武本線の避難列車の発着駅となった。亀戸駅でも水道管が破損して給水できず、土地の消防夫に頼みポンプで付近の池の水を汲み上げ機関車へ補給した。

◎安房北条機関庫　駅舎は倒壊、石炭台は全壊、線路はすべて移動または沈下するといった大きな被害を受けた。一方給水槽は傾斜しただけで、給水作業は滞りなく行うことができた。石炭は三週間分の貯槽があったので当座の運転には支障がなかったが、北条線全通までの間、東京湾を横断する船などで石炭を運びこんだ。

7──省線電車と私鉄

ここまで、国有鉄道の長距離列車が走る幹線と一部のローカル線の被害を見てきたが、東京や横浜の電車区間、当時省線電車と呼ばれていた路線の被害はどうだったろうか。意外に感じるかもしれないが、省線電車が走っていた中央線、京浜線、山手線では、揺れにより脱線した電車はなかった。乗客が負傷する事故も起きていない。

近年、関東大震災での市内の町丁目ごとの家屋倒壊率などから、町丁目ごとの震度の推定の研究が進んでいる（『関東大震災　大東京圏の揺れを知る』）。それをみると、東京で震度六強から七の揺れに襲われた地域は、隅田川の東側一帯や丸の内、それに神保町から水道橋にかけてであり、上記の電車線はそうした地域をほとんど走っていない。

とはいえ、以下に述べるように、各地で線路の崩壊や橋脚の破損なども起きている。もしそこに電車がいたら大事故になっていた。事故が起きなかったのは、被害箇所が少なく事故に遭う確率が低かったこともあるが、単に運がよかっただけともいえるだろう。

また、東京周辺の私鉄に関しては、省線電車区間と同じように、被害は比較的少なかった。一方、小田原周辺など、揺れがとくに激しかった神奈川県西部の私鉄は、壊滅的被害を受けている。

中央線

地震発生時に、東京〜四ツ谷〜新宿〜中野間（一四・七キロ）に一五本、中野より先、国分寺までの間（一六・七キロ）は郊外のため本数が少なく三本の電車が運行されていた。いずれも三等車ばかりの三両編成で、地震発生と共に全電車が停電で動けなくなった。

沿線で被害が大きかったのは、御茶ノ水駅の水道橋駅寄りの区間。神田川に沿って線路が崖下を通る部分の崖が、最大高さ一六メートル長さ八〇メートルにわたって崩壊した。落ちた土砂は線路を越えて神田川の向こう岸まで達している。また、新宿駅の甲州街道跨線橋では、ちょうど中央線の線路がくぐる部分の橋脚の一部が崩壊し、石片が線路上に散乱した。

◎上り八〇電車東京行き（177頁地図⑩）　万世橋駅　万世橋駅では地震により、ホーム上家を支える鉄柱が四本折れた。そこへ折り悪く東京行き電車が進入してきた。長さ一メートル八〇センチほどの鉄柱が二両目の後部に倒れ込み、車内に突入したが、たまたまそこに乗客がいなかったので、負傷者は出なかった。

万世橋駅は、現在の神田～御茶ノ水間に昭和十八年まであった駅で、大正八年に神田～万世橋間が開通するまでは、中央線電車の始発駅だった。現在も高架線路上にホームの跡が残っている。

関東大震災時、中央線の沿線は、東京駅のすぐ北付近から飯田町駅までの間、完全

万世橋駅舎。屋根と内部が丸焼けとなって、煉瓦の壁面だけが残っている

に焼け野原となってしまった。後に東京駅を設計する辰野金吾の手により明治四十五年竣工の万世橋駅舎は、東京駅のやや小形版といった赤煉瓦造りだったが、当日の午後五時過ぎ、一帯は火に包まれ、午後八時には内部が全焼してしまった。

神田駅、水道橋駅、飯田町駅に停車中だった電車三編成計九両はいずれも焼損したが、万世橋駅に停車中だったこの八〇電車だけは焼けなかった。上り線線路の隣が神田川で、その空間が防火帯の役目をしたのだろう。

京浜線

地震が起きた時、東京〜桜木町間の電車線には、上下合わせて一五本の電車が運行されていた。東京〜横浜間の東海道本線は、非電化で蒸気機関車の牽く列車が走る汽車線と、電化されて電車が走る電車線（京浜線）とが、それぞれ複線で並行して走っている。また、東京〜品川間では、京浜線と山手線の各電車は同じ線路を走る。前記の運行本数には、東京〜品川間の山手線電車も含まれている。

東京から新橋の先まで、明治時代末期から大正の初めにかけて竣工した赤煉瓦高架橋は、前述のとおり被害はほとんどなかった。この高架橋は、現在耐震補強がなされ、山手・京浜東北線の線路用に現役使用されている。沿線の主な被害としては、六郷川（多摩川）橋梁で、電車線の橋脚一基が揺れで切断され約三〇センチ移動するなどの被害があった。

また、桜木町駅付近の高架線では、二メートルほどにわたって路盤が陥没崩壊し、レールが宙づりになった。地震発生の直前に桜木町駅を発車した電車があったが、激震を感じ急ブレーキをかけ、この崩壊箇所の数メートル手前で停止し、難を免れている。

◎下り三三電車（177頁地図⑪、始発駅と終着駅は不明）有楽町〜新橋間　地震により、有楽町〜新橋間で停車すると、旅客は高架上の線路を、有楽町駅か新橋駅へと歩いたものと思われる。地震発生後、まず有楽町駅付近で火の手があがった。職員は、停電で動けなくなったこの電車を火災から守るために、一両ずつ手押しで移動させることを試みる。この三三電車は四両編成で、二等車も付いていた。中央線と山手線はすべて三等車車両だったが、京浜線は、全電車に二等車が付けられていた。

この電車を避難させるには、火の手とは反対側、南の新橋方面しかない。新橋駅の先までは線路は平坦で、その先はゆるい下り勾配となる。新橋～浜松町間まで一両を押してきたところで、次第に迫ってきた火災から逃れるため、職員は電車から離れた。午後八時頃、まだ押して動かせないでいた三三電車の三両が火に包まれた。その頃から風速二〇メートルといわれる強い北風が吹き始め、新橋駅を焼き、浜松町方面へと火の手がのびてきた。翌日朝までの間に、押して避難させてきた車両も含めすべてが、鉄製の台車部分を残してまる焼けになってしまった。

この三三電車とほぼ同じ形式の6110形電車（ナデ6141、大正三年製）が、さいたま市の鉄道博物館に保存展示されている。木製の車体に手を触れてみても、そう簡単には燃えそうにないように思える。これが燃えるとは、広域火災による猛火の恐ろしさを実感させられる。

山手線

品川〜新宿〜池袋〜上野及び、池袋〜赤羽間には、一三本の電車が運行されていた。

新宿〜新大久保間の青梅街道を跨ぐ付近や五反田付近で約三〇センチの路盤沈下などの被害があったが、その部分を走行する電車がなかったため、山手線電車の被害はなかった。また新宿駅構内では、停車中の下り貨物七二三列車の貨車七両が脱線した。

◎新宿駅の火薬貨物処理　地震が発生した時、新宿駅貨物ホームには、大阪の片町線津田駅へ運ぶ火薬四百箱が置かれていた。津田駅からは陸軍の禁野火薬庫へと専用線が延びているので、そこへ運ぶためのものだろう。貨物ホームの位置は、現在の埼京線ホームの池袋寄りのあたりである。貨物ホームの屋根が倒壊し線路も不通のため、この火薬の保管が、駅としては大きな問題となった。

出荷主の東京陸軍兵器支廠に連絡すると、支廠長がやってきて、和泉新田火薬庫に移送するという。同火薬庫は、現在都内杉並区の明治大学和泉校舎の場所にあった。貨物ホーム屋根を一部破壊して火薬を運び出し、軍用自動車数台で順に運搬を開始したが、日没になった。軍からは、その日はもう運搬ができないという申し出がなされる。国鉄の規程でも、日没後は火薬の積荷を行ってはならないことになっている。朝鮮人が暴動を起こしているという噂が立っているので、駅としては如何なる手段をとってでも運搬を続行するように求め、また軍が火薬の護衛をするように強く要求。これにより憲兵隊から四名、近衛歩兵第三連隊から二〇名が駅に派遣され、警護上安全を期することができた。陸軍自動車隊による火薬の搬送は、九月三日未明までかかって無事終了した。

現大手私鉄の前身各社線

◎京浜電気鉄道　現在の首都圏大手私鉄の前身にあたる鉄道会社の中では、震源域に近い所を走る京浜電気鉄道（現京急）が比較的大きな被害を受けている。震災時は、品川〜神奈川停車場前（現神奈川〜横浜間）間の本線と、支線にあたる蒲田〜穴守間、川崎〜大師間及び、大森停車場前〜大森海岸間が開通していた。大森の路線は、国鉄大森駅付近と京浜電気鉄道の大森海岸駅とを結ぶ〇・七キロの支線で、昭和十二年に廃止された。

京浜電気鉄道では、乗客が負傷する事故は起きていない。だが、線路の被害は各所で起きた。新町（現神奈川新町）〜仲木戸間では、線路築堤が延長一二〇メートルにわたって最大約二メートル沈下し、その上の線路が梯子のように宙づりになった。その

表9　私鉄、公営鉄道の被害

	車両破損・大破（両）	損害金額（円）	建設費に対する被害金額の割合（%）	現在
東京市電	779	20,452,238	21.7	全廃
横浜市電	94	2,298,450	28.1	全廃
京浜電気	一部類焼	590,590	9.1	京急
東武鉄道	不明	331,786	1.8	東武
目黒蒲田電鉄	—	17,703	0.5	東急
池上電気	—	1,200	0.2	東急
京王電気	電車 3	105,606	5.8	京王
武蔵野鉄道	貨車 2	64,088	2.9	西武
西武鉄道(旧)(新宿線)	—	2,000	0.3	西武
多摩鉄道	貨車 1	13,078	2.1	西武
京成電気	—	40,678	1.3	京成
王子電気	—	76,871	7.0	都電
城東電気	電車 3 両	56,326	5.3	全廃
玉川電気	—	15,550	1.2	全廃
小田原電気（軌道）	19	492,250	56.3	箱根登山鉄道
小田原電気(登山鉄道)	電車 2	591,801	19.1	箱根登山鉄道
熱海軌道	線路ほぼ全滅	205,705	99.9	全廃
東京電燈（江ノ島線）	一部類焼	33,275	6.0	江ノ島電鉄
湘南軌道	車両小破	43,865	31.9	全廃
相模鉄道	—	39,052	3.3	JR 相模線
御殿場馬車軌道	道路破損	3,000	75.0	全廃

ため車両一両が破損している。六郷川（多摩川）鉄橋では、橋脚六基すべてに亀裂が生じた。このためすぐには運転を再開できなかった。穴守線では、海老取川の橋桁が橋脚からはずれ、片側が落下した。このほか、川崎駅の車庫と修繕工場が倒壊し、電車五両が大破損、四両が小破損、川崎発電所の屋根が墜落して機器が損傷した。当時の時刻表では、「三分毎に発車する」とあり、地震発生時、運行されていた電車は多かったにもかかわらず、被害を受けた線路部分に電車が走っていなかったのは、まさに運がよかった。

被害総額は、約五十九万円に達し、これは前年の旅客収入の三〇パーセント以上の金額にあたる。それでも同社の社史『京浜急行百年史』では、「火事を起こさず、一人の死者も出さなかったことは不幸中の幸いであった。同業他社が受けた被害に比べると、比較的軽微なほうであった」と述べている。同業他社とは、後述する同じ神奈川県を走る小田原電気鉄道、熱海軌道などを指すのだろう。

◎東武鉄道　すでに路線を埼玉、群馬、栃木へと遠くまで延ばし、全線非電化、貨物列車の運行も多いことが特徴の鉄道会社である。激震地から離れている区間がほとんどだが、浅草や荒川付近では、大きな被害を受けた。

当時の浅草駅は、現在の東武伊勢崎線とうきょうスカイツリー駅にあり、旅客と貨物のターミナルが併設された広々とした駅だった。東武伊勢崎線が隅田川を渡って今の浅草駅まで延びてきたのは、昭和六年である。

浅草駅では、出発準備を終えて停車中だった列車に、ホーム下部の擁壁が崩れてぶつかった。さらに当日の午後三時頃、下町を焼き尽くす火災が浅草駅までやってきて、駅は全焼してしまう。同駅にあった機関車六両こそ軽微な被害にとどまったものの、ボギー客車一一両、小型客車一〇両、貨車二九両が焼損した。

国の事業として荒川放水路（現荒川）の開削が進められていたため、ちょうど二カ月前に完成したばかりの荒川放水路橋梁（北千住～小菅間）は、径間六一メートルの複線トラス三連のうち一連が、橋脚上で端が一メートル外側にずれ、転落寸前の状態になった。また、隅田川と荒川放水路に挟まれた堀切駅付近は、路盤が延長五〇〇メートルにわたって約五メートルも沈下した。古利根川と元荒川に挟まれた武州大沢（現北越谷）～武里間でも、延長八〇〇メートルにわたり約一メートル路盤が沈下した。

こうしたことにより、東武鉄道は震災で総額約三三万円の損害を被ったが、その後復興特需の恩恵を受けている。九月下旬に本格的に営業を再開すると、旅客、貨物とも予期した以上の成績を収めていく。震災後の大正十三年三月期の半期決算は、旅客収入約一六一万円、貨物収入約一一七万円で、震災前の前年同期（大正一一年十月〜十二年三月）に比べて旅客が約三八万円増、貨物が約二一万円増となった。収入の増加額が被害総額を上回っている。

この時代の東武鉄道の主力路線は、東武伊勢崎線（浅草〜伊勢崎間）と東武東上線（池袋〜坂戸間。大正十二年十一月に小川町まで延伸）で、東武日光線や東武宇都宮線はまだ開業前であり、東武野田線も買収以前の別組織（千葉県営軽便鉄道）である。旅客の増加に関しては、東京下町の被災者が郊外へ一時的、永住的に移ったため往来が活発になったことが挙げられる。貨物は、帝都復興のために木材、砂利の輸送が増加し、さらに国有鉄道線で輸送しきれず溢れた貨物が、東武伊勢崎線経由となったことが寄与している。

◎目黒蒲田電鉄　現在の東急各線のうち、開業していたのは、現在の東急目黒線と多摩川線にあたる目黒〜多摩川〜丸子（現沼部）間と、池上線の雪ヶ谷（現雪が谷大塚）〜蒲田間のみだった。震災の約半年前に開業した目黒〜丸子間は、東急グループの前身といえる目黒蒲田電鉄による最初の路線。池上線部分は、当時池上電気鉄道が経営していて、目黒蒲田電鉄が同社を買収するのは昭和九年である。

目黒蒲田電鉄では、目黒〜目黒不動前（現不動前）間の目黒川鉄橋付近の線路築堤が沈下、千束変電所の煉瓦造りの建物が倒壊するなどの被害を受けた。所有していた車両は木造ボギー式電車モハ1形（六四人乗り）五両のみで、そのうち三両が常時運行にあたっていた。これらの車両に被害はなかったようである。

目黒蒲田電鉄にとって、大きな痛手となったのは、同年九月末の開業予定で工事中の蒲田線（丸子〜蒲田間）の被害だった。同線では、線路築堤が各所で崩壊してしまった。同社は発足したばかりで経営が苦しく、大正十二年の上期は配当もできなかった。経営を安定させるためには、国鉄の蒲田駅へと結ぶ工事中の路線を早く完成させて、既存の路線との相乗効果で旅客を増やすしかない。幹部も総出でまさに不眠不休の工事を行い、遅れること約ひと月、十一月一日の開業にこぎつけた。

同社の震災被害額は、約一万七七〇〇円と上記二私鉄に比べるとかなり少ない。乗客数は震災直後の大正十二年十月が三六万五一二三人で、震災前月の八月に比べて四万六六五八人も増加している。同社の路線は、この後も、郊外人口の増加とともに飛躍的に増えていく（第6章参照）。

＊

震災当時、現在の東急東横線は未開業、またこのほかの大手私鉄では、小田急線（現小田原線、江ノ島線）、相鉄線が開業していない。京王電気軌道（現京王電鉄）、武蔵野鉄道（現西武池袋線など）、西武鉄道（現西武国分寺線や新宿線の一部など）、多摩鉄道（現西武多摩川線）、京成電気軌道（現京成電鉄）は開業していて、それぞれ震災により被害を受けているが、前記の京急や東武に比べれば、被害総額は数分の一程度にとどまった。

地方私鉄

◎小田原電気鉄道　現在の小田急電鉄とは異なる鉄道で、箱根登山鉄道の前身にあたる。熱海線小田原駅前から小田原市街を通り箱根湯本までの軌道線部分と、箱根湯本から強羅までのいわゆる登山鉄道部分、及び強羅～上強羅間のケーブルカー部分からなっていた。

震度七相当の揺れに襲われた小田原市街とその周辺を通るため、いたる所で大きな被害を受けた。東海道本線をくぐった先の箱根板橋から箱根湯本までの早川に沿って走る区間は、線路築堤と切り通しのほとんどが崩壊してしまう。箱根湯本駅では裏手の断崖が崩壊し駅舎が大破、停留していた電車も埋没してしまった。小田原駅も激震で破壊され、市街の幸町にあった車庫は全焼し電車一四両と貨車三両が焼失した。

登山鉄道区間では、とくに箱根湯本〜宮ノ下間の被害が甚大で、建造物は半分近くが半壊状態となり、線路も大部分が崩壊した。トンネルは坑門が埋没したものが多かったが、内部が崩壊したところはなかった。橋梁も崩れてきた土砂のため埋没したり大破となったものが多い。ただし、本線中最も長い（六一メートル）早川橋梁（通称「出山の鉄橋」）は、ほとんど壊れることなく、無事だった。破壊の限りを尽くされたような同路線の中で、そこだけ奇跡が起きたような姿を見せていたという。この早川橋梁は、明治二十一年に東海道本線天竜川橋梁として英国から輸入され、大正六年、そのうちのダブルワーレントラス一連を、塔ノ沢〜出山信号場間の現在地に移設したものである。深い谷に架かり、施工の際は川床から高さ四五メートルの足場を組んだ。現在同橋梁は、国の登録有形文化財となっている。

小田原電気鉄道の被害総額は一〇八万円にのぼり、私鉄の中で最大の被害金額となった。職員も死者四名、重傷者五名を出している。当時の時刻表を見ると、地震が起きた時刻に小田原〜強羅間で下り二本、上り一本の電車が走っているが、乗客の被害は不明である。なお、ケーブルカーの被害は少なかった。同社では震災を機に懸案だった軌間統一を行い、小田原〜箱根湯本間が線路幅一三七二ミリだったのを登山鉄道と同じ一四三五ミリへと変更している。

◎熱海軌道　真鶴から熱海まで、山が海に迫る海岸地帯を一一キロ走っていた軽便鉄道で、ほぼ全区間にわたり激甚な被害を受けた。とくに湯河原から熱海方面へかけての七キロは、山崩れのためほとんどの路盤が海中に転落してしまった。地震発生時運行中だった列車は、当時の時刻表をみると、ちょうど熱海の町中を走っていた一本だけなので、大事故となった列車はなかったようだ。

熱海軌道は、人力による鉄道の豆相(ずそう)人車鉄道として明治二十八年に熱海〜吉浜間に開業し、明治三十三年、小田原まで路線を延ばした。二〜三人の車夫が六人乗り程度の小さな客車を押していた。熱海への温泉客が主な乗客で、それまで籠で六時間かかっていた小田原〜熱海間（軌道の距離は二五・五キロ）を四時間で押した。明治四十一年には蒸気機関車が導入されている。

国有鉄道の熱海線が小田原から真鶴まで延びた大正十一年、熱海軌道は、平行して走る同区間を廃止。大正十二年段階では、残った真鶴〜熱海間を所要二時間二分で運行していた。国有鉄道熱海線が熱海まで開通した際に廃止を予定していたものの、被害があまりに大きく再起不能で、震災とともに事実上の廃止となった。被害金額は二〇万五〇〇〇円と算出されている。鉄道省の記録では、死亡や重傷の従業員、乗客はゼロである。だが熱海の市内北方、稲村付近の断崖近くに「関東大震災惨死者の慰霊碑」が立ち、碑には軽便鉄道道路工夫、静岡県道路工夫などの七人の名が刻まれている。同地で、熱海軌道の保線工事や、軌道と併用の道路工事を行っていた際、山崩れに遭い死亡した者と思われ、記録には出てこない軌道関係者の被災も多くあったと思われる。

◎東京電燈江ノ島線　現在の江ノ島電鉄は、震災時、東京電力の前身ともいえる東京電燈が経営する鉄道だった。それ以前は、神奈川県下の電力事業を独占的に営んでいた横浜電気が経営していたが、大正十年、東京電燈に吸収合併されている。

関東大震災では、極楽寺トンネルの坑門が、付近の土砂崩壊により埋没したことや、各所での路盤の沈下や亀裂、江ノ島発電所の崩壊などが、顕著な被害として報告されている。明治三十五年の開業以来の1号電動客車も焼失した。また、関東大震災で、津波が線路付近までやってきた唯一の例が、現江ノ島電鉄の一部区間である。『鎌倉震災誌』によれば、津波は、由比ヶ浜電停や長谷電停近くの線路の下の川を遡り、駅の北側にまで達したとされる。

8——鉄道を襲った津波の数々

「汐留駅 午後三時三十分頃津波が襲来し、川岸積卸場進水の惧(おそ)れがあったけれども、幸いにその事なく約三十分にして退潮した」

『国有鉄道震災誌』は大型の弁当箱を二つ重ねたような厚さの大著だが、津波の被害については、全ページを通じてこの二行だけである。

関東大震災では、いくつかの地点に大津波がやってきている。しかし、この報告書によれば、国有鉄道では、津波の被害はまったくなかった。標高二メートルほどの東京の汐留駅で、潮位が上がったのが目撃されたのみである。津波がやってきた地点に線路が敷かれていなかったため、被害はなかったのだが、以下、路線ごとに状況をみていこう。

東海道本線・熱海線沿線

藤沢〜小田原間では、線路は海からやや離れた所を走っている。標高も一〇メートルを超える区間が多い。馬入川付近が標高二メートル程度と最も低いものの、この地点は津波の被害は受けなかった。小田原〜真鶴間では、海岸に津波が押し寄せた。線路は主に崖上を走るので津波の被害を受けなかったが、山崩れ、地滑り、築堤崩壊などで線路はずたずたに寸断されている。工事中だった真鶴〜熱海間の海辺も津波が襲っている。

ちなみに内務省社会局の資料や『震災予防調査会』の報告では、東海道本線沿線の海岸では、津波襲来の状況は以下のとおりである。

藤沢・大磯方面　津波被害なし。

小田原　津波があったが高さは低く被害なし。

真鶴村岩村一帯　岩村（真鶴駅東方）の一部を津波が洗い去り流失・半流失の家屋五十戸。

熱海　地震後五分ほどでまず海水が退き、その量は大潮の時の干潮の二倍に及んだ。まもなく第一波がやってきて、その五分ほど後にさらに大きい第二波が襲ってきた。熱海港の最も奥（中心部）で四メートルの高さだった。最高到達点一二メートルという目撃も報告されている。現在の熱海駅は標高七〇メートル以上の高台にあるので、この地点までは津波はやってこなかったが、海岸近くの温泉街は被害を受けた。網代湾にも最大七メートルほどの津波がやってきている。このほか伊豆半島東海岸一帯は、各地で津波襲来が報告されている。

北条線沿線

安房勝山付近や那古船形～安房北条（現館山）間などで、標高二～三メートルの海辺に近い所を走るが、北条線全区間で津波の被害はなかった。ただし沿岸では岩井で約二メートル強、館山で二メートル弱の津波が記録されている。また、房総半島南端近くの相浜へは九メートルの津波が襲っている。

横須賀線沿線

前述したように、鎌倉では海岸近くが大津波に襲われた。由比ヶ浜には高さ六メートルとも九メートルともいわれる津波が来ている。鎌倉駅の標高は八メートルほどあり、駅や線路までは津波はやってこなかった。

『鎌倉震災誌』によれば材木座集落で家屋流失三〇戸、長谷集落で同三〇戸、坂ノ下集落で同五三戸が記録されている。由比ヶ浜海岸西側の坂ノ下で、「海嘯（かいしょう）（津波）は、海岸の築堤を破壊し、之を越えて浸入し、その中心とも称すべきは旅館海月楼のあたりで、付近に密集した人家は悉く破壊され、建物の残骸は浪と共に県道北側の人家に押し寄せ、一部はここに遺留されたが大部分は引く浪と共に流失した」（同前）という。海月楼は、文人の投宿が多かった旅館で、大正五年、萩原朔太郎が処女詩集『月に吠える』の編集のため逗留したことでも知られる。震災時には、「海月楼の主婦（女将か）は女中と共に家屋の下敷きとなったが、海嘯のため家屋が海水で浮き上り身体自由になったものの、忽ち沖に流され、次いで襲来した第二回の海嘯のため、稲瀬川尻に打ち揚げられ、通行人に救われたと云う奇跡的な事実があった」（同前）

また、鉄道が受けた津波被害を歴史的にみると、最大のものは、やはり二〇一一年の東日本大震災である。それ以外は鉄道が津波の被害を受けた例は少なく、『津波来襲直後の陸上交通障害について』（首藤伸夫）によれば、主なものでは、昭和十九年の東南海地震と昭和三十五年の三陸でのチリ津波が挙げられる。

東南海地震では、太平洋に面した和歌山県の那智湾近く、紀勢本線の紀伊天満～紀伊勝浦間を津波が襲った。津波は線路を浮かせながら鉄道築堤を乗り越えていった。レールは約一キロにわたり最大五〇メートルほど流され築堤下の水田に落ちた。レールは枕木をつけると、水の中ではずっと軽くなり流されやすい。レールの規格にもよるが、一〇メートルあたり重量一・一トンのレールに枕木をつけると水中での重さは〇・二トンになるという報告がなされている。

チリ津波の際は、三陸沿岸の各線がいたるところで津波に洗われた。路線ごとに主な所だけを挙げて行くと、八戸線では、支線の臨港線で三〇〇メートルにわたり道床流失、山田線では、磯鶏（そけい）～津軽石間で二七〇メートルにわたり道床一部流失、大船渡線では、脇ノ沢～陸前高田間で一九〇〇メートルにわたりレールと枕木流失移動、石巻線では、女川付近で一一〇メートルにわたり道床流失、仙石線では支線の塩釜埠頭付近で一九〇〇メートル道床流失などの例がある。これらの区間のほとんどは、東日本大震災でも津波被害を受けている。

昭和八年の昭和三陸地震では、三陸沿岸の鉄道は、まだほとんどが開通していないので、津波による大きな鉄道被害は報告されていない。石巻以北で開通していた沿岸部の鉄道は、気仙沼～陸前矢作（やはぎ）間（一七・五キロあるこの区間は標高がやや高い所を走っている）の大船渡線と八戸線（全線）だけである。

東海道本線馬入川（相模川）橋梁

第4章

通信と報道

1――鉄道電話寸断

栃木県の日光田母沢（たもざわ）御用邸で病気静養されていた大正天皇への、関東大震災発生の報は、やっとつながった鉄道省の通信線により届いた。東京周辺では、現在のＮＴＴなどの前身に当たる逓信省の通信網も寸断されていて、利用できない状況となっていた。

九月一日、時はまさに、御用邸との連絡が密に必要な時期だった。一週間前の八月二十四日、加藤友三郎首相が大腸ガンで首相在任のまま死亡。翌日外務大臣の内田康哉が臨時総理大臣を兼任し、同二十八日山本権兵衛に組閣命令が降りる。山本内閣の組閣が九月二日である。鉄道大臣には山之内一次が任命された。すでに大正十年より、後の昭和天皇が摂政となり、政務や儀礼は、大正天皇になり代って行っていたが、それでも今上天皇への連絡は超重要事項だ。国有鉄道の報告書では、「謹んで特筆したいのは、当時日光御用邸に達した帝都に於ける大災害に関する情報中最初のものは、我が鉄道従事員の手によってなされた」と誇らしげに書かれている。経緯は以下のようだった。

地震発生の二十分後、宇都宮運輸事務所運転掛の受話器には、混線した次のような通話が聞こえてきた。

「古河〜栗橋間の鉄道橋が破壊されているので、運転方法を打ち合わせ……」

これは、古河駅長から上野運輸事務所への電話で、鉄道橋とは、東北本線の利根川鉄橋のことだろう。宇都宮運輸事務所では、宇都宮の揺れの程度から東京ではもっと激震であることを想像し、状況把握に努める。東京とはもちろん連絡がとれず、高崎を介するものは、高崎線の熊谷駅以南で不通、常磐線経由のものは、土浦駅付近までで、それ以南は断線、東北本線のものは、大宮駅まで通じたもののガーガーピーピーと混戦甚だしくお互いの通話は不可能に近い。それぞれの通話の片言隻句を総合して、ようやく事態の重大さを知った。

状況をなお知ろうと焦慮していると、午後六時ごろ、上野まで電話が通じた。混線と雑音が多く要領を得なかったが、その断片的通話で、大震災発生の事態がほぼ摑めてきた。さらに常磐線取手駅付近に火の粉が飛来しているとの情報が水戸線下館駅から入り、東京市の大火災発生も知った。そこで宇都宮運輸事務所から日光駅長へ、関東大震災発生と東京の状況を電話で知らせ、日光駅長から御用邸へ通報することができた。これが御用邸に達した関東大震災の第一報だった。

また、九月三日、内閣書記官長から鉄道省へ依頼が来た。前日に組閣した山本首相から発信の至急官報二通及び、山本内閣閣僚一同から大正天皇へのお礼とご機嫌伺いの電報を、日光の御用邸へ伝達できないかということである。逓信省の通信回線は、まだ復旧していない。

東京鉄道局庶務課文書係長が、東京通信所電信掛に命じて、実際にそれを運ぶ伝令隊を組織させた。伝令隊はこれを上野駅に持って行くが、上野駅はまだ炎上中だったので、一旦上野公園へ避難し、上野の山を迂回して田端駅へと持ち込んだ。田端駅からは午後三時頃に通じた直通鉄道電話で、日光駅長にこの電報の内容を読み上げて伝える。それを受けて日光駅長はすぐさま徳川侍従長がいる小西旅館に向かい、三時三十分頃、この電話の内容を侍従長に伝え終えた。次いで同六時頃、電信線が回復し、正式に電報を送信もした。

この例が示すように、鉄道省の電話電信網は、本来の鉄道運行への通信の役割に加え、緊急時など、逓信省の通信の代替機能としての役割も担っていた。

ここで列車の運行に欠かせない鉄道通信の状況を見ておこう。関東大震災の最初の揺れと共に、関東地方南部の鉄道の通信は、ほとんどすべてが断たれてしまった。戦前における鉄道の通信設備は、いわゆる有線設備が主体である。電線類は、激震により電柱の倒壊や破損、ケーブルの損傷などの被害を受け、各種機器も破損した。この当時、国有鉄道での無線による通信は、青函連絡船及び青函間での無線電話があった程度である。国有鉄道の大井工場では、列車用無線を試験開発中でもあった。

明治五年の鉄道開業時、すでに電信が使用され、明治十三年には鉄道電話線も三ノ宮〜神戸間で初めて架設されている。関東大震災では皮肉なことに、東京や横浜など東海道本線方面の駅に普及していた最新式の共電式電話交換機が軒並み破損して、この沿線の鉄道電話が完全に不通になってしまった。共電式電話交換機は、東京通信所、品川駅、新橋駅、横浜駅などの電話交換室にあった。共電式だと、各電話機の受話器を上げると、大元の交換機に付いている蓄電池からの電流が電話機に流れ、自動的に交換機につながる。一方、大正末期まで電話交換の大部分を占めていたのは、磁石式交換機だった。この磁石式だと、各電話機の受話器を上げて話し始める際と終話時に、電話機のクランクハンドルをグルグル回して電気を発生させ信号を送らなければならなかった。磁石式は混線が起きやすく、電話機ごとに電池が必要なため、その保守も面倒だった。それらを解消させたのが、大正三年に兵庫に初めて設置された共電式交換機である。

この共電式交換機が、設計上、耐震性をまったく考慮に入れていないものだった。やや大型の蓄電池を備えているのが特徴だったが、この蓄電池は、木の台の上に据え付けたガラス槽の中に入ったもので、地震でガラス槽が落ちて、あっけなく皆壊れてしまった。『国有鉄道震災誌』では、この蓄電池について、この程度の木の台などに乗せていては、地震でやられることはすぐ分かるだろうとばかりに、複数回この蓄電池の設計に触れていて、無念さやら憤りやらが伝わってくる。自然の猛威に技術がどうしても対応できないというのではなく、単に考慮が抜け落ちていただけのために大きな被害へとつながった。

鉄道の電話回線は、地震発生後直ちに一部を応急復旧させ、当日から二日までの間は、上野駅の電話交換手の健闘などにも支えられて、辛うじて一部が繋がっていた。上野駅の電話交換機は、やや古い磁石式だったのが幸いしている。それらも二日には上野駅の焼失のため、不通となってしまう。東京や横浜の市内などの火災により、国有鉄道の電話交換機一二台、電話機一五八四台が損傷した。

一時ほとんどの連絡は、人による伝令しかなくなった。二日早朝、東京〜万世橋間の線路伝いに行った伝令の例をあげると、現字紙（通信紙テープ）を制帽に巻きそれらしく見せた伝令員が、「駅伝」という旗を持ち、一町（約一一〇メートル）おきに立ち、彼らが鉄道省から上野への電報を運んだ。この区間は高架橋で、周りには火災が起きている。まさに決死の伝令だったが、すぐに猛火が迫ってきて不可能になる。その後、通信の中心を新宿駅に置く。そして新宿〜品川間、東京〜新宿間、新宿〜八王子間、新宿〜甲府間に合計七回線の電話線が復旧し、これによってやっと全国に緊急事項を通知することができた。翌三日には東京と名古屋の間で、鉄道電話がつながった。

2——新聞記者奮闘す　めざせ、大阪一番乗り

このように通信設備が被害を受けた中、関東大震災は、全国にどのようにして報じられていったのだろうか。地震発生の数秒後に、大阪朝日、大阪毎日など関西の新聞社では、関東地方との電話が、話の途中でプツンと一斉に途切れてしまった。大地震が起きたことは分かったものの、被害は想像以上のものらしい、という感触を得るだけである。テレビはもちろんのこと、ラジオもまだない時代。ラジオが登場するのは

大正十四年である。

大阪朝日新聞は、地震発生の二時間後の午後二時、第一号外を出す。「本日正午の大地震　東海道鈴川方面が震源か」との見出し。鈴川は、静岡県にある東海道本線吉原駅の当時の駅名である。これは大阪朝日の記者が、大阪駅で得た鉄道情報からによるものという。「東海道沼津付近を中心として近来稀有の強震あり。鈴川駅付近に地滑りを生じ線路を破壊して列車不通となり、東京発下関行き特急三列車は立往生するの已むなきに至った」ことを伝えている。

この時点では、歴史的規模の大災害が起きたことをうかがい知ることはできず、この第一号外は、東京と大阪を結ぶ大動脈である東海道本線が不通になったことを、重大なニュースとして知らせるものだった。この特急三列車は、沼津駅で停車中に地震に遭った。後に新聞に掲載された乗客の話では、どこからともなくゴーッという物凄い音が聞こえてきたので、車内では総立ちになって窓の外に目をやると、大きな散水車が倒れて水が飛び散り、待合室の柱がメキメキと動き出した。一部の建物が壊れ出すので地震だと分かり、皆我先にホームへ出ようとした。乗務員になだめられて席に落ち着くと、すぐに列車は発車した。走行中も十五分ほど断続的に強い余震が起き、列車が転覆しないかと心配したが、無事に次の原駅に着いたという。

地震発生後すぐに沼津駅を出発したことには驚くが、徐行して走行を続けたのだろう。鉄道省の記録でも、特急三列車は、地震のあった二分後の十二時ちょうどに沼津を発車し、次の原駅にやってきたところで、その隣の鈴川駅構内の路盤陥没の連絡が入ったので、原駅で停車したとされている。そこで列車は一旦沼津駅まで引き返す。鈴川駅は、下り線八〇メートル、上り線一二〇メートルにわたり、線路が最大で五〇センチも陥没していた。同駅は、入江となっている田子ノ浦漁港と川とに挟まれた地にあり、いかにも地盤が悪そうなところに立地している。沼津より西では、鈴川駅構内以外には、大きな被災箇所はなかった。

その後も大阪では東京との連絡が付かないままの状態が続き、次第に大騒ぎになってきた。大阪朝日の社内では、軍隊に聞いてみよう、ということで、師団司令部と連絡をとるが、その師団司令部でも、「連絡がつかないで困っている。朝日さん、何か情報はないか」と逆に聞かれるしまつ。そのうち、測候所から「震源地は伊豆らしい」という連絡を受けた。

午後五時、紀伊半島南端の潮岬無電局から大阪朝日に、横浜港に停泊中のこれや丸が発した電報が入ってくる。

「ホンヒセウゴ（本日正午）ダイジシンヲコリ　ヒキツヅキ　ダイカサイトナリ　ゼ

ンシホトンド　ヒノウミトカシ　シシヨウシヤナンマン（死傷者何万）ナルヤヲシラズ　コウツウツウシンキカンフツウ　ミズシヨクリヨウ（水食料）ナシ」

　これにより大阪朝日は、さらに「東京市中に大火起こり、市中は大混乱」の号外を打つ。

　鈴川駅構内の線路の応急修理が完了し、下関行き特急三列車は、沼津を五時間五分遅れで発車。日が変わって深夜一時過ぎ、無事大阪駅に到着する。すぐ続いて下関行き特急一列車も大阪に到着した。この特急三列車と同一列車の到着を新聞記者たちは待ちかまえていた。第3章で三日の「大阪毎日新聞」に掲載された特急一列車専務車掌の実見談を紹介したが、早くも二日の「大阪時事新報」では、一列車の望月乗務員の話を掲載し、

「御殿場を発して途中岩波信号場までやってきた時、初めて激しい地震の起きたことを知った。急停車し三時間程停車していた列車は、この間四、五回余震の揺れによって転覆しかけて、乗客も非常に驚き、生きた心地がしなかった。岩波信号場付近では、車窓から見ると、煉瓦造り、石造りの建物は全部倒壊している」と報じている。

　とはいえ、二日になっても大阪では、関東大震災の実態が摑めているとは言い難い。情報源は、避難民や鉄道関係者からだけで、それもまだ東京からのものではなく、静

岡などで被災した人からのものだからだ。九月三日の大阪毎日新聞では、長野からの電話記事として、いずれも三段抜きの大見出しで、「品川も海嘯で全滅」「秩父連山大爆発」と告げている。海嘯とは津波のことで、東京からの避難民が告げたというが、品川に大津波は来ていないので、これらはまったくの誤報である。伝言ゲームのように、避難民から避難民へと話が伝わるうちに、事実でない話がセンセーショナルに加わってきた。秩父連山爆発は、群馬県の高崎周辺から夜に南を見ると、空が赤く染まり、煙が天に上るようにも見えた。東京市内が燃えているためだが、これを秩父連山の噴火と勘違いしたらしい。

一方、東京京橋区滝山町に社屋のあった東京朝日新聞では、東京市内での号外発行のほか、地震と火災で変り果ててゆく東京の姿を、大阪朝日をはじめとした全国の読者に正確に伝えるための方策を練る。そのためには、東京の記者が書いた原稿を実際に大阪へ持ち込むか、電話が通じる地区まで記者が辿りつく必要がある。そして、震災の惨状を撮影したフィルムを大阪まで届けるのが急務だ。

東京朝日では、身軽な独身記者を中心に、一日のうちに大阪方面へ、「連絡班」を編成した。

第一班が、横浜経由で東海道本線ぞい二名
第二班が、中央本線ぞいに二名
第三班が、東海道ぞいに三名
翌日に第四班が、信越本線・北陸本線ぞいに二名

同じく一日、ライバルである東京日日（にちにち）新聞（後の毎日新聞）でも、大阪毎日新聞へ、

オートバイで大阪へ一名
横浜から船で大阪を目指すために一名
高崎線・信越本線経由で二名

という連絡要員を選抜した。

この時点で、鉄道、道路、港など、どこが不通になっているかは、まったく見当がつかない状況である。

電信電話が不通となった時、最も早い通信手段として考えられるのは飛行機である。東京朝日では、洲崎飛行場にあった社機の「川崎」「春海」などを利用しようとしたが、破損して飛べず、しかもその後の火災で焼損させてしまった。また、大阪からは、二日午後に、大阪毎日が、大阪木津川の日本航空会社に依頼して横廠式水上機を出動させた。さらに大阪毎日は、名古屋支局を通じて陸軍各務原（かかみがはら）飛行隊と折衝して、埼玉

県所沢飛行場に向かう陸軍機に記者が同乗できた。このように関西から関東へと一部の新聞記者は行くことができたが、逆の関東から関西へは、すぐには行けないでいた。

自動車で東京から大阪へ、またはせめて以西の鉄道が通じている沼津まで、という手も考えられるが、「東京朝日・通信部記録」によれば、震災当日は、「社に自動車あれど、運転手足らず」といった状態。確かに、被災地内の連絡、非常物資の運搬などで自動車は手いっぱいだろうし、道路も各所で地割れを起こしたり崩れたりしている。それに、もし自動車で西下していたとしても、神奈川県の馬入川の国道橋が完全に落ちているので、渡れなかった。

大阪へオートバイで向かった東京日日新聞の桑原忠夫記者は、東京と神奈川の境の六郷川の橋が落ちていたため、下流に向かって渡し船を見つけて、そこで川を渡った。しかし、行く手の横浜方面は火煙天を焦がし、振り返れば東京方面も空は真っ赤、さらに津波によるものか地盤の液状化によるものか、道路はことごとく水に浸かっている。大きな津波への警戒のため、六郷川の堤防では、「警鐘が乱打され法螺貝は鳴り響き、凄惨な気が四辺にたちこめている」ため、涙を呑んで引き返し、一日夜十時、社に戻った。

そのような時、頼みの綱となったのは、鉄道だった。

まず、東京日日からの信越本線経由組は、上京中だった英文大阪毎日副主筆の加藤直士及び東京日日記者の木島順二が、翌二日朝七時に長野に到着。長野通信部で通信状態を調べたところ、名古屋への通信線が無事であることが分かり、名古屋支局経由で大阪へ連絡した。これが大阪への詳報の第一報となった。大阪毎日は、これを受けて二日午前十時四十分に号外を発行。「信頼すべき第一報　火の海を踏んで脱出した本社記者の実見せる手記」との見出しのもとで、東京で焼失した主な建物を列挙するなど、詳しい被災状況を知らせることができた。それまでは、号外も出していたが、断片的内容にすぎなかった。彼らは一日夜、丸の内にある社の屋上から満天火の空となっている帝都を見回した後、社の自動車で夜九時に出発、板橋、蕨を経て浦和に出て、深夜一時過ぎ、長野行きの列車に乗り込んだのだった。ただし、写真の電送ができないので、この号外には、被災した東京の写真は掲載されていない。

二日の夜十二時、中央本線沿いに進んだ東京朝日の早川勇通信部員の班が甲府に着き、唯一の通信手段だった鉄道電話を借りて、名古屋通信部へ、東京が炎上していること、また山本権兵衛内閣の信任式が行われたことを伝えた。

実際は、どこの路線を選べば、名古屋や大阪にたどりつきやすかったのだろうか。震災発生当初数日間の鉄道は、以下のような状況だった。

東海道本線は、九月二日まで、東京から静岡県の裾野駅までは、まったく列車の運転はなし。同三日は、品川～六郷川（多摩川）間で工事材料輸送の臨時列車のみ運転。四日に六郷川橋梁が応急復旧したので、蒲田～川崎間に工事用臨時列車運転。九月五日に、品川～鶴見間に初めて旅客列車三往復を運転。

中央本線は、九月一日、山梨県の塩山より東京寄りは不通。九月三日時点でも、浅川（現高尾）～猿橋間が不通。開通区間でも甲府以西は、運行本数が極端に少なかった。

高崎・信越本線は、大宮以北ではあまり被害を受けていない。九月一日に吹上～熊谷間が一時不通となったが、二日には、一部の列車の運休があったものの、多くの列車が運行された。

そうした中、大阪まで一番乗りを果たしたのは、東海道経由で東京から向かった、東京朝日の記者、福馬謙造だった。一日の午後九時に東京を出発する直前、帝都の崩れたビル群や、大火災が発生している状況が写された未現像のフィルムを、写真課長からどさりと渡され、それを携えていた。

最初は社旗を立てた自動車に乗り、運転手と同僚の記者と三人で東海道筋を進んだ。運転手も「大阪までぶっ飛ばすのは初めてだ」と張り切っている。途中道路の亀裂がひどく走れない箇所は、付近の人々に板を持ってきてもらいそれを敷いて何とか通り抜けた。厚木町の対岸の相模川まで来ると、橋が落ちていて、自動車は先へ進めない。ここで自動車は東京へ引き返し、福馬記者たちは相模川を泳いで渡る。東海道の平塚に辿りついたのが二日の正午だった。『朝日新聞社史 大正・昭和戦前編』に掲載の福馬謙造の手記によれば、平塚に着いた時、同僚の記者が、

「ここらでひと眠りしたいね」

「それこそ亀にしてやられるよ。日日（毎日新聞）もきっと大阪へ向かっているから、それに負けると惨めだからね」

「日日か。日日これ戦いなりかね。もう欲も得もないよ」

「もうひとふんばりだ。汽車の沿線について行けば大阪に通じていることは確かだからね」

といったやりとりをして歩き始めると、自動車屋を発見する。無理やりたのみこんで自動車を出してもらうが、十五分も走ると道に家が倒れ込んでいて前に進めない。国府津に向けてまた歩いていると、上空を飛行機が、東から西へと通り過ぎていった。二人とも思わず「あっ」と叫び、あれは、軍隊の飛行機か、それとも新聞社の飛行機か、高度がかなりあり分からないのだが、もし新聞社のなら、大阪への第一報の栄誉

をさらわれるので、疲れ果てて歩いているのが何ともばからしく思える。しかし、新聞社の飛行機でないようにも見えた。それにもし、大阪へは後塵を拝したとしても、今まで歩いてきた沿道の惨状を、迫力の筆で書いてやる、と何とか気持ちを奮い立たせて歩を進めた。同僚の記者は、飛行機を見て弱気になったのか、ここで大阪行きを諦め離脱する。

国府津駅にたどり着いたのが二日の午後六時。駅周辺の海沿いには、別荘や格式の高い旅館も多い。国府津駅では炊き出しを行っていて、記者は夕食にありつけたばかりか、翌日の弁当まで作ってもらえた。恩に着ること大だったが、『アサヒグラフ大震災全記』では、別の記者が、「国府津では、名物の芸妓が、サル股を穿いて餅をついている奇観がある」などと、面白おかしく描写されてしまった。

福馬記者は、機関庫をはじめ駅構内を巡ってみたが、駅にいる列車は、座席という座席が避難民で一杯で、やむなく空いていた豚を運ぶ貨物列車の中でその夜の眠りについた。家畜用貨車なので密閉されていず風通しがよくて涼しいものの、寝ている最中、記者は蚊にさされ放題だっただろう。国府津機関庫は、駅の山側、東京寄りに東海道本線に隣接してあり、そこは現在分譲住宅地となっている。

翌三日は、午前三時に目を覚まし、御殿場方面へ歩き始めた。山北駅の先、トンネルが連続する区間になると、トンネルの中は崩落しているので、迂回して山を上り下りしなければならない。潰れていないトンネルの部分は、山に上るのが面倒なので、真っ暗なトンネルの中を進もうとした。すると、入口に青年団が警備していて、「このトンネルの奥には朝鮮人が隠れているから、入っていくと殺されてしまう」という。こんな山の中まで朝鮮人暴動のデマが伝わってきている。ぐずぐずしていると他紙に追い抜かれてしまうし、暴動の噂も本当のこととは思えなかったので、青年団員が止めるのも聞かずに、トンネルの中へ入っていった。

気ばかり焦るが、そろそろ本当に足が言うことをきかなくなってきた。雨も降ってきてびしょ濡れになりながら歩き続ける。神奈川と静岡の県境を越え、駿河駅（現駿河小山）では、駅員に事情を話して使い古した雨合羽を貰い受けた。それを着て出発しようとすると、偉そうな駅の助役がやってきて、この雨合羽は官給品なので、いくらボロボロでもやるわけにはいかない、と言い張る。しかたなく返した。いつの時代にも、融通の利かない者はいるものだ。

駿河駅付近で自動車屋を見つけた。乗せてほしいといっても、自動車屋の主人は、泥だらけの記者を最初は信用しなかった。現金とフィルムを包んだ社旗を見せたら、引き受けて乗せてくれた。御殿場を通りすぎ、裾野駅まで来た。記者は車中、疲労で眠り込んでいる。駅構内の様子を見てきた運転手が「汽車が出そうですよ」と、記者を揺り動かした。その声にハネ起きて、運転手にお金を払い、さらにチップ十円を渡して駅へと向かった。

午後八時に汽車は裾野駅を出発した。福馬記者の手記では、裾野駅以西に行く下り列車の開通一番列車だった、とある。実際は鉄道省の記録によれば、前日の二日に裾野〜沼津間に旅客列車が四往復運転されている。とはいえ、福馬記者にとっては、自分の乗った列車が、本当に開通後の一番列車だったかどうかはさほど問題ではない。東京の新聞記者の中で、自分が最初に裾野駅まで辿りついたかどうか、ライバル記者が自分より先を走る列車に乗っていないかどうかが大問題なのである。

記録では、九月三日は、沼津以西への列車はすべて沼津始発。その手前の裾野〜沼津間には、ピストン輸送する形で臨時列車を走らせている。福馬記者も手記では述べていないが、沼津駅で列車を乗り換えたのだろう。沼津から大阪へと向かう車内では、落ち着いて原稿の下書きを行おうと思い、混雑する三等車ではなく空いている二等車に乗った。だが列車が出発するとすぐ、大阪に着くまで昏々と眠り続けてしまった。

福馬記者は四日の朝八時半に大阪駅に着いた。当時の時刻表から想像すると、通常だと沼津二十三時〇五分発の急行一三列車（東京発神戸行き）のスジを走る列車が、沼津始発で運行されていたと思われ、それに乗れたのではないだろうか。これだと、二等車、三等車を連結しており定時だと大阪に八時二十七分に着く。この時間帯の夜行急行を逃すと、次は東京を朝出発するダイヤだった二本の特急列車に、沼津始発で乗ることになり、これらは大阪着が夜八時頃以降となる。この半日の違いが、成否を分けることとなった。

福馬記者は、大阪駅に着くとすぐタクシーを飛ばして大阪朝日の社に急いだ。シャツもズボンも見る影もなくボロボロである。東京からの一番乗りの記者となった彼を、編集局の人間はいっせいに立ち上がって迎えたという。彼からフィルムを受け取った者は、写真版にするためにすぐさま部屋から走り出る。この時の様子を手記から引用すると、社会部長が彼に、

「やぁ、御苦労、すぐ号外を出すから大阪に着くまでのことを書いてくれ給え」

「は、書きます。その前にお茶を一杯いただけませんか」

すると部長が近くの者に、

「おい、牛乳とコーヒーとサイダーとお茶を持って来い」

記者が書きなぐるそばから原稿用紙が印刷所へ運ばれ、一ページ大の号外がすぐ刷り上がってきた。写真も多数収録されている。「帝都の写真を齎(もたら)して　大阪への第一

朝日新聞 號外

大混亂の東京

帝都の寫眞を齎して大阪への第一急使

東京朝日新聞記者福馬謙造着す

徒歩にて震災の東海道を縦走

遂に東京を脱出し得た

大阪朝日新聞９月４日の号外。第一面（全面）と第二面（部分）

急使　東京朝日新聞記者福馬謙造着す　徒歩にて震災の東海道を縦走」と大見出しが打たれ、日比谷公園の松本楼が炎上する写真や、避難民で混乱する芝浦の様子など四点の写真が、第一面の全面を使って大きく載った。裏面もほぼ全面が福馬記者の迫真の報告記事で埋まった。発行日時は、社史によれば、四日午前九時。それまで、大阪朝日や大阪毎日の号外に掲載される写真は、沼津付近の駅の被害や、亡くなった要人の顔写真などだけだったので、混乱する帝都の姿を生々しく伝えるこの紙面造りのインパクトの強さは抜群だった。

一方、東京日日からの加藤、木島の両名も、長野を発った日時は不明だが、四日の午前中に大阪に到着した。通常時のダイヤなら長野を二日の夜に出れば、篠ノ井線、中央西線経由で名古屋に至り、大阪には三日の昼前に着ける。長野を出発するのが遅れたのか、途中名古屋かどこかに立ち寄ったのか、列車ダイヤが大きく乱れていたのか、何らかの理由で、ともかく四日の午前にずれこんでしまった。大阪毎日が、帝国劇場の炎上や、有楽町駅付近の避難民の写真を掲載した号外を発行したのが、毎日新聞の社史によれば、朝日に遅れること約四時間の四日午後一時だった。

また、四日の夜十一時になり、大阪朝日には、羽田三吉記者、山本地栄通信部員が到着した。羽田記者たちは、二日、じりじりする思いを抱き横浜で船の出港を待っていた最中、午後六時三十分に、横浜港停泊中のこれや丸から、東京、横浜、横須賀の被災の様子を無線で打電することに成功している。彼らは三日未明、震災後初めて横浜港を出港した日本郵船の貨物船岩手丸に乗り、神戸港に着き大阪へと向かったのだった。また、高崎線経由で北陸を回った大東長次郎記者、香月保記者、野田豊記者は五日朝になって大阪に着いた。このルートは不通区間はないはずなのだが、意外なほど日数がかかっている。

東京から大阪へ到着した記者たちは、各地で開かれた「震災報告大講演会」の壇上に立つ。新聞紙上で名前が知られた福馬記者らによる中之島公会堂での講演会は、超満員で聴衆は場外にまで溢れた。講演の時に着るのは、大阪朝日に東京から着いた時、あまりに泥だらけでボロボロの服装のため、守衛に「どこへ行くのだ！　勝手に入られちゃ困る！」と咎められたその服だった。

日本の新聞の歴史を語る時、関東大震災における東京での各社の号外合戦、当初つながりにくかった電信電話での地方への通信状況、大阪への記者と写真の到着合戦が、よく取りあげられる。東京では、東京朝日新聞社が全焼したのをはじめ、読売新聞、東京毎日、時事新報、萬朝報など多くの新聞社が被災し、無事だったのは、東京日日（現毎日新聞）、報知新聞、都新聞の三社だけだった。東京での報道は、本社が無事だった東京日日に比べ朝日は苦戦を強いられた。だが、震災の写真掲載をめぐる大阪での朝日と毎日の報道合戦は、朝日の勝利に終わった。

その勝利をもたらした一因が、東海道本線の名門夜行急行列車に乗れたことだった。二等車も連結されていて、その車内でぐっすり眠れたことも、大阪に着いてすぐ、新聞の裏面一杯を文章で埋めての迫真の記事を書くのに、与（あず）かりあっただろう。

中央通り（現銀座８丁目）付近の焼け野原と、焼失した東京市電

第５章

猛火との戦い

1――三日間燃え続けた東京市内

余震が続く中、一日の午後から、東京、横浜の市街地で、火災が凄まじい勢いで広がっていく。東京市内では、地震発生直後、市内十五区のすべてから出火した。後の調査では、出火地点は百三十四カ所にのぼった。そのうちの約半数は消火活動によって鎮火するが、残りは、折り悪く吹いていた強い風で燃え広がっていく。

出火原因は、ちょうどお昼時だったため、各家庭や飲食店で火を使っていたことが大きい。また化学薬品による出火も約四十カ所あった。工場や学校でリン、カリウム、ナトリウムなどを保管していた容器が落下して発火にいたったとされる。火が燃え移る速度は、風の強さや建物の種類、地形などに左右されるが、最も速かったのは深川区の木場で、一日午後七時から八時の間に八二〇メートル進んだ。

おおざっぱに地域ごとに延焼の様子を見てみよう。地震発生直後から午後五時ごろまでは、南からの風によって西神田、内神田、本郷の一部、本所(ほんじょ)、深川の大半が焼失する。線路を中心にいえば、御茶ノ水駅から水道橋駅、飯田町駅にかけての中央線沿

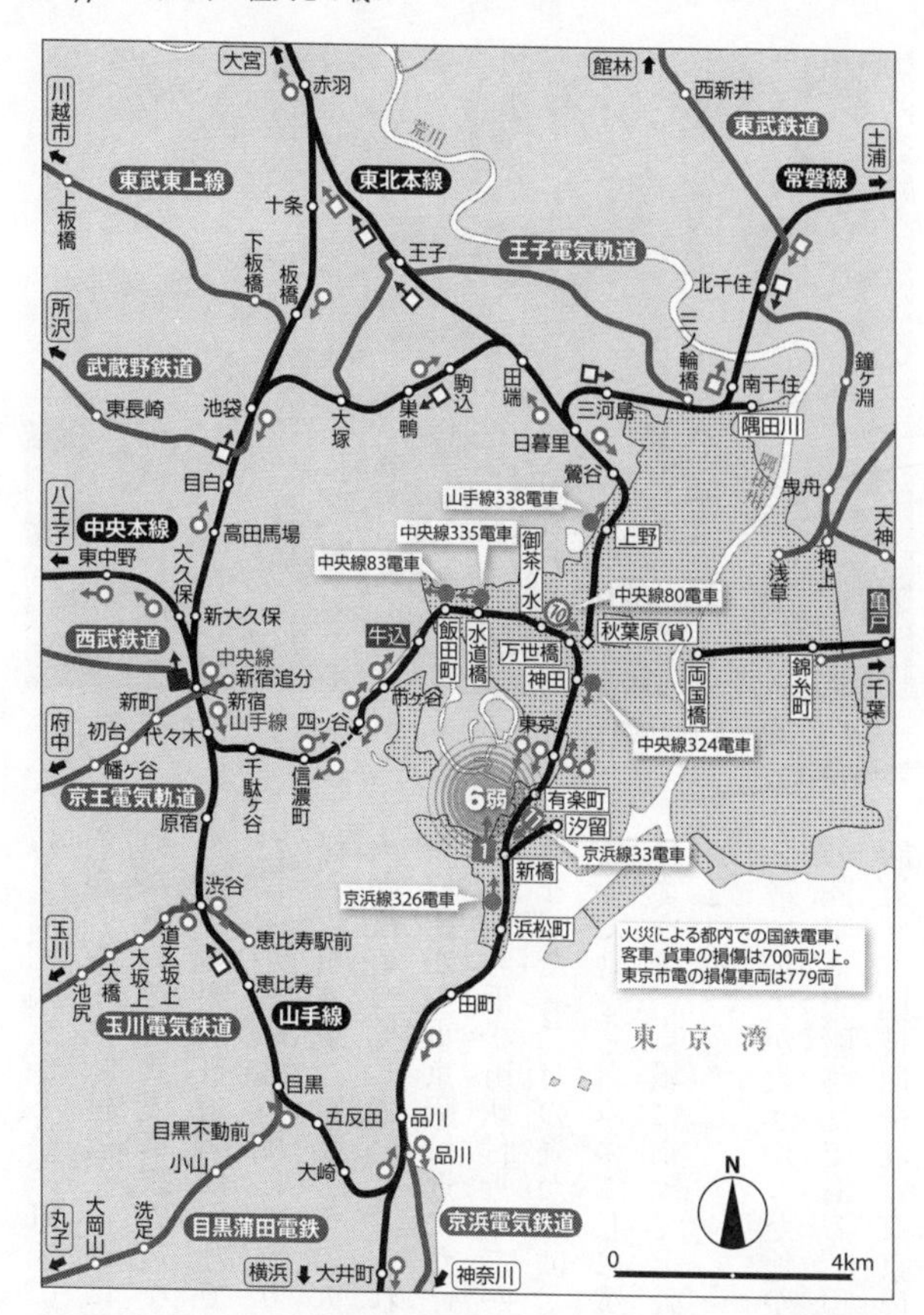

＊都電は省略

山手線、中央線などに多くの電車が走っていた中で、上図の地域で激震で脱線した列車は、新宿駅での貨物列車１本だけ。ただしその後の火災の被害が甚大で、運行中、停留中の多くの車両が焼失した

地震発生当日、炎上中の警視庁とその一帯。右が日比谷交差点方面、手前が皇居のお濠

線と両国橋駅から錦糸町駅にかけての沿線、南千住駅付近、それに業平橋の地にあった東武浅草駅周辺などである。夕方から翌二日未明にかけては、西またはは北からの強い風に変わり、浅草、下谷、日本橋、京橋、芝の大部分を猛火が舐めつくしていく。これにより秋葉原駅から東京駅付近にかけてと、新橋駅から浜松町駅付近までが焼け野原となった。二日の昼からは、焼け残っていた地をしらみつぶしに殲滅するかのように、東風に乗って上野駅へと火が迫っていく。

最も被害が大きかった地が、本所区の陸軍被服廠（ひふくしょう）跡地である。現在の両国駅近く、国技館や江戸東京博物館の北側で、現在その一郭は横網町公園になり、東京都慰霊堂が立っている。震災当日午後三時頃には、本所から深川一帯、至る所で火災が広がり、人々は広さ約二万坪の空地となっている被服廠跡地へと避難してきた。荷車へ家財道具を積んだり、荷物をいっぱいに背負ったりしている人たちで、広い空地は身動きもとれないほどとなった。その人数は約四万人に達した。そこへ午後四時頃、三方から炎がやってきた。家財道具や荷物に火が着き、人々は押し合いへし合いの状態になるが、どうすることもできない。

そこへ竜巻のような旋風が、二度三度と巻き起こった。荷物や小さな荷車まで巻き上げられ、人々も吹き飛ばされた。そして旋風の中心部へと火焔の塊がなだれこむようにして襲った。ここでの犠牲者は約三万八〇〇〇人とされているが、正確な数字は分かっていない。東京市の死者・行方不明者六万八六六〇人のうちその約五五％もの人が、この地で亡くなった。この旋風は、被服廠跡地の他、大きなものでは、森下町交差点付近など計五カ所で発生した。上野駅構内で起きたものなど小さなものを含めると約百カ所で生じている。旋風は、大きいものでは直径数十メートルの柱状の渦となり、直径五〇センチほどの樹木を根こそぎにし、トタン屋根などは一〇キロ先まで飛ばしている。

浅草区では、全面積の九六％が焼失、同じく本所区の九五％、神田区の九四％、京橋区の八六％、深川区の八五％が焼けた。東京市全体でも四四％の地域が焼失している。

一方、東京市の西側郊外にあたる山手付近では、だいぶ様相が異なった。震災発生後、二〜三時間経っても、東京市に何が起きているのか分からなかった。田山花袋（たやまかたい）は、当日の夕方、豊多摩郡代々幡町、現在の新宿駅と代々木駅の間付近にあった自宅で、息子と共に東の空を見上げていた時のことを『東京震災記』で以下のとおり書いている。

「『不思議な雲だね？　夕立がやって来そうだね？　こうして外に出ているところを土砂降りに降られてはやりきれんね』まだ何も知らないのんきな私達は、平気でこんなことを言って、椎の木の上に高くもくもくあらわれて来ているその白い不愉快な雲を眺めた。

『父さん、あれは雲じゃないぜ！』

『どれ？』

『あの白いもくもくとしたやつさ？』

『そんなことはないだろう？』

『だって、僕、新宿の停車場のところまで行ったら、下の方は皆な煙だもの……』

『そんなことはないだろう？』

『だって、えらい騒ぎだよ。向うの方は？』

『どう？』

『東京の方はすっかり燃えてるんだッて？　向うから来た人が皆なそう言っていたよ？』

（中略）

それにしても、それが夕立雲でないとすると、煙？　火事の煙？　それにしてはあまりに物凄く、気味わるく、不可思議に私には見えたので、私は何遍となく柿の樹の傍のところに行ってそれを眺めた。注意して見ると、なるほど長男の言うように、薄黒い煙がその下の方から幕のように渦き上っているのを私は眼にした。」

同じ東京でも新宿付近と下町周辺と、距離にしては七〜八キロしか離れていないが、天と地ほど状況が異なっていることがよく分かる。この時の入道雲は、しばらくすると夕日があたりところどころ不気味に光り、夜は火の手を映して暗く深い赤に染まり、夜明け前になると黒い色に変わり、日の出になると白く変わったという。

2——東京駅の存亡は、車掌室の死守にあり

大地震発生直後、東京駅の近くでは、南隣の有楽町駅付近でまず火の手があがった。その火焔はすぐに、日比谷濠に面して立っていた警視庁の建物へと延焼していく。周囲を威圧する豪壮なこの建物の屋根からは、天を焦がすように真っ黒な煙と炎が勢いよく吹き出しはじめ、近くの帝国劇場をもすぐに火で包みこんでいった。

東京駅の北側では、日本橋の北側と神保町付近でも火災が発生していた。午後三時過ぎになって、避難民が四方から東京駅へと続々と集まってきた。工事中で崩落した丸の内の内外ビルなどで重軽傷を負った人々も、東京駅へと搬送されてくる。吉田十一駅長以下職員は、しだいに緊張の度を高めていった。

東京駅でまっ先に火と煙の洗礼を受けたのが、構内で最も有楽町寄りにある東京機関庫である。東京駅付近では午後から夕方にかけて、風速一〇メートルを超す強い南風が吹いた。猛火は、有楽町方面から風下の東京駅へと、火の粉をすさまじく飛ばしながら進んできた。赤煉瓦駅舎を火災から守る大攻防戦の火ぶたが、まさに切って落

高架上の東京駅第４番ホームから地平にある小手荷物到着ホーム、北部収容線、鉄道省の焼け跡（バラック建築が一部立つ）を望む。大正12年11月頃撮影

とされた。

東京駅の各建造物の配置を、再び把握しておこう（44〜45頁参照）。第2章では、震災時の東京駅の各旅客ホーム部分と駅舎（駅本屋）の構造を簡単に述べたが、ここでは高架線となっている旅客ホームより五メートルほど低い所、すなわち駅前広場などと同レベルの地平に位置している東京機関庫や客車の留置線の配置を確認しておきたい。これらは前述のとおり、八重洲側にある。

東京機関庫には、機関車の車庫や転車台があり、近くには蒸気機関車の燃料である石炭が山と積まれていた。客車の留置線は、有楽町寄りに南部収容線、神田寄りに北部収容線が並んでいる。その東北の角、現在大丸デパートのある北隣（神田側）に、前述のとおり、鉄道省の木造の大庁舎が立っている。庁舎の目の前、現在の外堀通りは、その名のとおり、お堀になっていて水をたたえている。

大正十二年のデータによると、東京駅には、駅長一名助役一五名以下、六四六名の職員が働いていた。出札掛五四名、改札掛三四名、駅手一二九名、小荷物掛八一名、荷扱手一二九名の他に、転轍手（てんてつしゅ）（線路の分岐器操作）四〇名、連結手（車両の連結機操作）一四名などもいる。この他東京機関庫に、一〇〇名前後の職員が所属している。

東京機関庫では、主任の岡本義之助の指揮の下、六〇名による消火部隊が編成された。すぐ近くで、東京市電気局のビルが窓から火を吹いている。銀座や有楽町方面から、火の粉というより火の玉が風に乗って降り注いでくるようになってきた。構内一帯は押し寄せてきた黒煙で、視界も悪い。チームは二手に分かれ、一隊は木造の機関庫の屋根に登って、もう一隊は地上で、飛んできた火に水を掛ける。機関庫は旅客ホームより低い位置にあったおかげで、水道が断水しても、余り水が湧出した。水を入れられるあらゆるものに水をくんでの消火活動だ。火災の最前線はさらに近づいてきて、丸太ほどの太さの燃えている棒まで吹き飛ばされてくるようになった。機関庫事務所の重要書類を、隣の高架線上に運び上げ、機関庫の中の機関車も、北よりの待避線などに順番に移動させていった。

日が傾いてきた頃まで懸命な消火作業を続けていると、風向きが変わり、有楽町方面からの煙が来なくなった。一安心と思ったのもつかの間、逆方向の神田方面から火の手が襲ってくるようになる。夕暮れ頃から東京駅付近では、風速一〇メートルの西風が吹くようになり、それが夜半には一時期二〇メートルを超す猛烈な北風へと変わった。

昼間のうちは鉄道省へ火が来ることはない、と思われていたものの風向きが変わり、三越など日本橋、呉服橋方面の大きな建物を焼いた火災が、午後六時過ぎ、鉄道省のすぐ近くまで迫ってきた。鉄道省の一部の幹部たちは、東京鉄道局が入る赤煉瓦駅舎の方が、古い木造の鉄道省庁舎より頑丈で安全なので、前述のとおりそちらで指揮を執っていた。彼らも庁舎内の重要書類を運び出すために戻ってくる。旅客課長の種田(おいた)虎雄(とらお)が機転を利かせて、東京鉄道局所属のトラックを、鉄道省裏手の東京駅構内に、真っ先に入れさせた。種田は後年、近畿日本鉄道の社長になる人物である。このトラックに文書課、人事課、運輸局などの重要書類を詰め込んでいく。火はさらに近づき、警察官が東京駅に集まっている避難民に、駅構内から退避するようにとの命令を出した。

二十歳の文書課員古宮由雄は、提灯を片手に暗くなってきた庁舎内に入り、書類を運び出した。また、入ろうとすると警察官に止められたが、持っている提灯で「鉄道省」と手書きされた赤い腕章を照らして見せ、また庁舎内へと入っていく。庁舎内に火が入った直後まで搬出を続けた。近くの廊下や部屋が燃え始め、もう危ないと思って階段を降りようとすると、「居残り人はないかー！」との声が下から聞こえてきた。古宮が建物の外へ出てすぐ、午後七時頃、鉄道省の庁舎全体が大きな火柱を上げた。古宮もこの時の奮闘で後に金五十円の効績賞を受けた。

鉄道省に続いてその南側には、官舎があり寄宿舎があり一等寝台の高価な備品を入れた倉庫があった。また北部収容線を挟んで構内北側には、木造屋根付きの小手荷物到着ホームと二階建ての東京車掌室が立っていた。この時東京駅構内には、北部収容線、南部収容線、列車ホーム合わせて客車二七五両、無蓋貨車八両が停留されていた。南北収容線などには、それぞれ一〇本ほどの線路が並んでいて、そこに長大編成の列車が合わせて二〇本以上いるといった状況である。鉄道省を炎上させている火が構内の各建物、北部収容線の車両群、ホーム上家と進むと赤煉瓦駅舎を含めた東京駅の全焼となってしまう。

突風に煽られて、火の手は北部収容線を越えて小手荷物到着ホーム屋根に飛び火してきた。この段階で、駅構内北側の地平部分が火に包まれた。燃えている一帯から高低差約五メートル、その崖上の高架線の端に東京車掌室の建物があった。ここが燃えてしまえば、すぐにホーム上家へと火の手は移っていくだろう。

「東京駅の存亡は、東京車掌室の死守にあり」。吉田駅長のこの命により、決死隊二五名が編成された。これとは別に、東京車掌区でも車掌監督の谷守衛の指揮のもと、天野辰太郎（昭和十一年より第五代東京駅長）主席助役をはじめ職員が、必死の防火作業へと入った。当時の客車には、屋根の部分に、車内手洗い用に使う水のタンクがあった。高架上の駅ホームにも地上の北部収容線にも客車が多数停留している。タンクの水を抜きバケツに移し、それを建物や客車に浴びせかけた。烈風は、線路のバラスト（小石）も飛ばすばかりの勢いとなってきた。ある者は全身に水を浴びバケツを持って火に近づく。ある者は地平部分からバケツをもって電柱をよじのぼって車掌区の建物に水をかける。類焼の恐れのある小屋などは破壊していく。

この間、北部収容線でも、決死の覚悟で客車の避難移動を続けていた。煙でよく見えず、吹き荒れる風で音もよく聞こえない。収容線内には防火に立ち回る職員が多く、車両の移動には邪魔である。分岐器を動かす転轍手が大声を出しながら線路を行き交う。連結手は、線路を走って、無事な車両を切り離すために燃え上がる車両に近づいていく。彼も全身に水を浴びているのだが、煙にむせ返り一瞬線路に跪く。彼を助けに別の職員が近づこうとするが、連結手は息を整えて立ちあがって走り出し、無事車両を切り離す。こうした決死の作業により、東京駅では二名の連結手、小林米作と神保清佐が後に鉄道省により表彰されている。

最初は避難させる客車を機関車で引っ張っていたが、次第に数名の人力による手押しで客車を動かしていくようになった。午後十時半、構内に大爆発音が轟いた。駅舎の北方にあった国鉄自動車部車庫のドラム缶入りガソリンが爆発し、一郭は火の海となった。こちらは付近を警戒中だった工兵隊などの手により消し止められ、自動車三両と格納庫などを焼いただけにとどまった。奇しくも、この爆発があった頃から風向きが再び変わり、北側から繰り返し襲ってくる火の勢いが弱まってきた。

こうして格闘すること四時間。夜十二時頃、火の手は収まり、東京駅は延焼を食い止めた。旅客ホームも赤煉瓦駅舎も無事で、焼失した車両も客車四八両、貨車七両に留めることができた。その後すぐにまた避難者が、東京駅の待合室はもとより通路、停留客車などに押し寄せ、構内で雨露のしのげる場所は、どこも立錐（りっすい）の余地もないといった状況となった。赤煉瓦駅舎の中、東京ステーションホテル内にある東京鉄道局厨房室では、翌二日から、駅の女子従事員による握り飯の炊き出しを行う。九月三日に東京駅にいた避難民は七九二五人という記録もある。

東京駅で消火作業の現場指揮をした長瀬興二郎東京鉄道局人事係長は、後日、記者のインタビューにこう答えた。

「今度の震災で、鉄道が、(避難民や救援物資の輸送など) すばらしい活動をなすことの出来たのは、誰がなんと言っても、実に、東京鉄道局が焼け残ったからだ。東京鉄道局が焼け残ったのは、つまり東京駅が焼け残ったからだ (東京鉄道局は赤煉瓦駅舎二階にある)。東京駅の焼け残ったのは、八分の天運に二分の人力だ。東京駅は実際幸運だった。危ないと思うと、風向きが変わり変わりしたのだ。(中略) とはいえ、もし死力を尽くして守った人たちがいなかったら、たとえ風の方向が変わったとしても東京駅に火が移ったのはもちろんのことだと思う。何しろ客車に火が移っては駅が危ないというので客車の入換をする時など、機関手は頭の毛が焼けちぢれる程だったのだから。

東京鉄道局が焼け残ったことによって、鉄道は組織だった活動をすることができた。この組織だって行動するということが震災のような場合、最も必要なことであり、そのくせなかなか難しいことなのだ。わが東京鉄道局は、ほとんど当日から家に帰らない人たちによって、最も組織だった敏活な活動をなし得たことは、今度の震災につい

て、最も重大な功績であったと思う」(『鉄道時報』大正十二年十月十三日号)

震災後は、避難列車の運行、線路の復旧作業など、鉄道は多数の困難な問題に直面する。もし、列車の指令や復旧の実作業の指示をはじめ様々な現場統括、運営をする東京鉄道局が壊滅していたら、震災後の混乱は数倍にもなっただろう。鉄道省の建物は震災で焼失したが、その管理下にある現業部門である東京鉄道局が機能し続けたのは、まさに幸いだった。

市内には焼けた瓦礫の山が広がっていた。有楽町、神田など東京駅の南北に連なる一三の駅が、すべて焼失した。しかし、鉄道員の精神的支柱である東京駅舎と、実務的中心である管理局は生き残っていた。鉄道省も震災後しばらくは、東京駅舎内に仮事務所を置いている。この時、東京駅は大正三年十二月の竣工から九年しか経っていない。これからも全国各地に路線網を延ばしていく国有鉄道にとって、その象徴ともいえる東京駅が、華麗さと威厳とを併せ持って立ち続けることは、まだまだ重要だった。

3――翌日、猛火は上野駅に迫った

地震当日の夜が更け、九月二日未明となった上野駅。東の浅草、北の吉原、南の秋葉原が、すでに火に包まれ、駅へは三方から火が迫るような形となった。紅に染まっている夜空で、上野の山の方角だけが暗い灰色をしていた。この一帯の被災者から見れば、上野駅とその西側に広がる上野の山方面だけに活路が見いだせる状況である。荷物をいっぱいに持った避難民は、背負えるだけの荷を担ぎ、または荷車に家財道具を一杯に乗せて、上野の山へと殺到した。その人数は二日から三日にかけて約五〇万人にも達した。この避難者人数は東京市内で群を抜き、二番目は宮城前（現皇居前）広場約三〇万人、続いて浅草観音境内約七万人、芝公園、九段靖国神社境内、洲崎埋立地各約五万人である。

上野駅構内は、避難者たちの通路でもあり、上野の山から溢れた人たちが腰を据える場所でもあった。同駅の構内配置を簡単に述べておこう（54～55頁参照）。神田～上野間の山手線がまだ出来ていないので、日暮里方面からの山手線は上野駅で折り返す。

やや短いそのホームが最も西側、上野の山寄りにあった。その東側、現在の地平ホーム付近に行き止まり式の三本のホームが並び、駅舎（駅本屋）はそのホームの南側に立っていた。そのさらに東側に秋葉原への貨物用線路が延びていた。駅構内の北側には上野機関庫があった。現在の上野駅舎が竣工したのは昭和七年だが、当時すでに構内の敷地は、ほぼ現在と同じ広さがあり、東京の堂々たる北の玄関口の風格を備えていた。

深夜の上野駅では、駅舎内の重要物品の運び出しなど、鉄道員の活動が続けられていた。構内にある給水施設が一部破損しているため、地震後は機関車への給水に手間どっていて、それも行われている。夜半過ぎ入換用の機関車に給水をしようとすると、構内にいる避難者から機関手たちに向けて「汽車を動かして俺たちを轢き殺す気か！」と罵声が飛んでくる。

一日夜、上野公園で夜を明かした人たちの中に、作家の宇野浩二、作詞家の西條八十がいた。宇野浩二は、『震災文章』の中で、まず一日夕方の様子を、次のように書いた。

「私は一人で様子を見る為に上野公園の鶯谷の方へ出る道を歩いて行った。が、その時は浅草の方から避難して来る人々の群集で、彼等に逆らって歩くことが出来ない程

上野の山から見た上野駅。一帯はホームほかすべて焼け、避難して無事だった客車などが並んでいる

そこへ行く道が混雑していたので、曲って、両大師前の方へ出て見た。そしてそこから見下ろした火の海の光景には、文字通り呆然として突っ立ってしまった。あそこの高台から見渡される限りの下町一面が悉く火に包まれていた」

両大師前とあるのは、上野駅の鶯谷寄り、線路の崖上である。また、西條八十も、月島の兄夫婦や下町の友人が気がかりで歩いているうちに、「途上の混雑のために、いつか二進も三進も行かなくなって、夕暮れこの山上に、藻草のように、打ち上げられて」しまった（『唄の自叙伝』）。

夜になっても大きな余震がたびたび起きた。宇野は「実際、自分の寝ている莫蓙一枚下の大地が妙なうなり声と共に震動しているのを感じることは、理屈なく物凄かった」（『震災文章』）と記している。

二日の昼すぎになって、浅草方面から広がった火災は上野駅方面に一度は近づいてきたが、急に風向きが変わって反転し、稲荷町方面へ去っていった。二日の午後、再び宇野が両大師前の崖上広場に行って見渡すと、「上野から日暮里へ通じている電車線路の空地という空地は、避難の人々と荷物とで一ぱいだった。松坂屋や岩倉学校が大火の煙を背景にして、どっしりと建って居る光景は何ともいえぬ心強さを感じさせた位である」（同前）

岩倉学校とは、岩倉鉄道学校（現岩倉高校）のことで、上野駅の東側に隣接して立っている。すぐ近くには公衆食堂、下谷区役所、上野警察署など大きな建物があり、一度これらの建物が火の手に落ちれば、駅も全焼への窮地に追い込まれる。そのため、迫りくる火災への備えとして、畑中四郎上野運輸事務所長の指揮の下に、駅と岩倉鉄道学校などの間にある建造物を、破壊することにした。建物を破壊して防火帯の空地を作るのは、江戸の昔から、火事を食い止めるための最大の方策であり、「火消し」たちの腕のみせどころでもあった。駅員数十人が、貨物掛詰所、浴場、貨物ホーム上家を、ノコギリで柱を切り、荒縄でひっぱり倒していった。駅前の車坂停留所には市電の車両が停電で停車したままだったので、木製車体に火がつかないように横倒しにした。駅舎側に倒せば、鉄製の台車部分が火の来る方向に向く。こうしてとりあえずの防御の態勢を整えた。

　二日午後、また風向きが変わり、稲荷町方面に向かっていた火勢が、上野駅方面へと転じた。駅では、昨日手小荷物などを運び込んだ六番線に停車中の列車を、日暮里方面へと動かしはじめる。線路上に避難民が多数いるので、汽笛を何度も鳴らし駅員が整理に入って、やっと出発線近くに引き出したところ、なんと機関車の水が無くなり、動けなくなってしまった。やむなくそのまま停車し、日暮里に停留していた上り旅客列車の機関車の応援を受け、やっと上野駅から発車させることができた。もう一本、西二番線に、昨日から金庫や手小荷物などを運び込んで避難準備させていた停留中の列車があった。こちらは、崖上の上野公園へと活路を求める群衆が、線路上に雪崩の如く殺到していて、どうしても動かすことができない。この列車は貴重な物品と共に焼失の運命を辿る。

　上野の山からほぼ百八十度のパノラマとして眺めていると、十数カ所で上がっていた炎の塊が、次第にそれぞれ大きくなって、しまいには各所の火焔が繋がりあって、手前へじりじりと歩みよってくるように見えた。遂に炎は下谷区役所までやってきて、市電通りを越えて駅構内の信濃川電気事務所、上野列車電燈所を燃やし始めた。ここに至って進退極り、全駅員に撤退命令が下る。避難先は上野公園の料亭、常盤花壇裏手とされた。宇野たちがいる上野の山の避難民の間でも、この勢いでは上野の山まで火が来ると噂が立ち、もしそうなったら逃げ場がないため、大群衆が移動しはじめた。その光景は、「暗黒な、無限につゞいているかたまりが、提灯の明りで斑(まだら)を画きながら、一寸位づゝ北へ北へと動いて行く光景」(同前)だった。

その日の夕方から夜にかけて、上野駅は、駅舎はもとより構内すべてが焼け落ちていく。数日後宇野が上野の山から駅を見ると、「目の下の上野停車場も殆(ほとん)ど存在していなかった。赤茶けた線路の彼方此方に、逃げ損なって死んだ人たちと同じような恰好で、貨車や客車が焼け焦げて散乱していた」(同前)

上野駅では、幸いなことに駅職員の死傷者は出なかった。構内で焼失・焼損した車両は、客車一六六両、貨車一五両、機関車一四両、電車四両の多数にのぼった。このとき焼損した蒸気機関車48624号機は、戦後は北海道の帯広機関区などに転出し、現在、旧国鉄士幌線音更(おとふけ)駅跡にある交通公園に保存展示されている。また、西二番線の列車に積み込んだ手提(てさ)げ金庫のうち一個は、中の紙幣が折畳まれたまま灰と化し、銀貨銅貨は計八円七十七銭が無事、その他の金庫は全部外部の金具だけが残る状態で原型を留めず焼失していた。

一日の深夜、大勢の避難者で立錐の余地もない状態の上野公園に避難していた西條八十は、そこで少年が突然ハーモニカを吹きはじめる光景に出会う。吹き方はなかなか上手だったが、誰でも知っているような平凡なメロディーだった。周囲は大勢の避難者とその荷物で足の踏み場もない状態。いくら子どもでも、場違いでのんきなこの行動に、疲れ果ててうとうとし、あるいは気が立っている人々が、みな怒り出すだろうと西條は心配する。

だが、周囲の人々の反応は、意外なものだった。皆、じっと耳を澄ませ聞き入っている。緊張が和(なご)んだようであくびをしたり手足を伸ばしたりしている人がいる。「山の群集はこの一管のハーモニカの音によって、慰められ、心をやわらげられ、くつろぎ、絶望の裡に一点の希望を与えられた」(『唄の自叙伝』)。そして、これは彼にとってある深い啓示となり、「こんな安っぽいメロディーで、これだけの人が楽しむ。俗曲もまたいいもんだ」(同前)として大衆のための仕事の価値を感じ、こういう俗歌も書いてみたいと真剣に思うようになったという。

4——都心駅を焼き尽す

両国橋駅

昭和七年に御茶ノ水〜両国橋（現両国）間が開通するまで、前述のように両国橋は、千葉方面への始発ターミナルだった。現在は駅の北側に新国技館と江戸東京博物館があるが、当時そこは両国橋駅の貨物ターミナルとなっていた。隣接してすぐその北側に、本所被服廠跡地が広がっている。

地震の際、待合室に四、五〇〇名の客がいたが、駅舎は無事だったので、旅客と駅職員には一人の負傷者も出なかった。地震後すぐに錦糸町方面など近くの数カ所から火の手があがった。駅の西はすぐ隅田川、南は竪川、北は被服廠跡の空地という、まさに延焼を食い止めやすい地に囲まれているため、駅員の当初の判断では、駅は火災から免れられると思っていた。ただし、駅の重要品をまとめるなど、万一のための避難準備を始めることとした。客車や貨車も、比較的安全と思われる箇所に移動させようとしたが、構内は路盤がいたるところで陥没し、線路が湾曲しているので、動かす

両国橋（現両国）―錦糸町間の線路高架橋。両側一帯は焼け野原。激震と大火災の高熱でレールがゆがんでいる

ことができなかった。

しだいに多数の避難民が被服廠跡へと押し寄せてきて、構内も人々が溢れだした。現在とは線路を挟んで反対側にあった国技館が火に包まれ、駅が類焼するのも時間の問題となってきたので、収入金を金庫に入れ、重要品や帳票を地面に埋めた。とうとう駅は猛火に包囲され、被服廠への旋風も起こり、構内へは、火の粉が瓦礫や鉄板と共に降ってきた。駅員は貨車の下に潜ってこれを避け、しまいには近くの川に飛びこむなどして身を守った。駅構内に停留中だった客車九四両、貨車四八両、機

関車五両及び三〇〇トン余りの貨物と九〇〇個ほどの手小荷物が、一日午後六時頃までには、機関車と車両の台車部分を残し、ほぼ灰燼に帰した。

また、隣の錦糸町駅では、一日午後二時頃に、早くも駅舎が全焼。それと前後して駅前にあったキルク（コルク）工場が炎上し、燃えたキルクが駅前広場や線路上などに集まった数千人の避難者の頭上へ、火の雨となって降ってきた。周囲は凄惨な様相となり、線路上やその築堤上だけでも七〇〇名ほどの焼死者が出た。

神田駅

一日午後五時過ぎ、駅の四方ほぼすべてが、火の手に囲まれるようになった。午後七時頃、高架上のホームの屋根にまず火がつき、また他方からの火が駅長室を襲った。駅では、危険が迫るや、手小荷物、重要帳票類及び駅備品などを、安全と思われる煉瓦造りの階段下の倉庫に搬入した。だが付近に避難者が持ちこんだ多数の荷物があったため、これに火がつき、倉庫内の物も全焼してしまう。そして、駅の待合室やホームに避難してきていた付近の住民など約五五〇名が、逃げ場が無く、ここで火に包まれた。神田駅は関東大震災において、駅構内で最大数の犠牲者を出した場所となった。

避難者の荷物が火災の導火をなした例は多く、隣の万世橋駅でも、強風に煽られて近づいてきた火は、まず駅前に運転不能となって停車していた市内電車を燃やし、それから駅の便所へと移り、駅舎に積み上げられていた避難者の荷物へ飛び火した。赤煉瓦の万世橋駅舎は、置かれた荷物が燃える火と、飛来してくる多数の火の粉の両方に攻められ、内部が全焼となった。

国有鉄道の焼失した建物は、以下のとおりである。

◎停車場　有楽町、新橋、浜松町、汐留、横浜、桜木町、高島（一部）、東横浜、横浜港、神田、万世橋、御茶ノ水、水道橋、飯田町、上野、秋葉原、隅田川（一部）、両国橋、錦糸町

◎機関庫　飯田町、錦糸町、田端機関庫上野分庫

◎庁　舎　鉄道省、東京第一及び第二改良事務所、東京建設事務所、信濃川電気事務所、新橋運輸・保線・電力各事務所、上野運輸・保線・電力各事務所、両国運輸・保線各事務所

◎教習所　鉄道省教習所、東京鉄道局教習所

◎工　場　本省経理局被服工場、同木材防腐工場、官房文書課公報印刷場、東京鉄道局錦糸町工場、同大井工場汐留派出所、同大宮工場隅田川派出所

◎倉　庫　東京鉄道局経理課汐留倉庫、同錦糸町倉庫
◎市内営業所　東京、横浜
◎車掌監督　上野、両国橋
◎検車所　東横浜（一部）、上野、両国橋、品川検車所汐留分所、新宿検車所飯田町分所
◎保線区　新橋、上野、横浜、両国橋
◎通信区　新橋、上野、両国橋
◎電力区　両国橋
◎変電所　永楽町
◎列車電燈所　東京（一部）、飯田町、上野、両国橋
◎病院及び治療所　東京鉄道病院、上野治療所、両国治療所
◎集会所　汐留
◎官舎合宿所　東京、汐留、浜松町、万世橋、御茶ノ水、飯田町、子安、東神奈川（合宿所のみ）、神奈川、平沼、秋葉原、上野、石原町、亀沢町、両国橋、錦糸町所在官舎二百六十五戸、合宿所十九戸

この他、地震で倒壊した建物は、第3章参照。

5――四〇〇両が、路上で灰燼に帰した東京市電

後に「都電」となる東京市電にとって、関東大震災が起きた大正時代後半は、その黄金時代といわれた時期である。東京市内の路面電車は、複数の私営鉄道会社により誕生したが、合併を繰り返した後、明治四十四年に市営化される。その後路線延長もあり、乗客数は、震災前年の大正十一年まで伸び続けていた。大正九年の国勢調査では、東京市十五区の人口が二一七万三二〇一人なのに対し、市電の一日平均乗客数が約一〇九万八〇〇〇人にのぼっている。大ざっぱにいえば市民の四人に一人が毎日一往復市電に乗っている換算になり、市電は東京市民や東京市を訪れた人にとって、まさに下駄代わりに使われていた。大正十二年六月七日の初電から終電までのデータでは、乗車人員一三三万〇一九五人、営業キロ一四九・九キロ、使用車両数一四一〇両、一日の運転キロ一九万六〇六七キロだった。

東京市電は、品川、渋谷にある自前の火力発電所の他、鬼怒川水力電気、東京電燈（東京電力の前身）、群馬電力といった民間電力会社から電気の供給を受けていた。自

前の発電所から市内の変電所などへの送電網は地中式が多く、激震に襲われてもほとんどが無事だったものの、線路上の架線の多くが切れたため、全路線で運転していた約七七〇台の電車は、走行地点ですべて動けなくなった。軌道の被害は、濠端や河岸沿いを走る一帯に多く、飯田橋近くの大曲〜東五軒町間では、路盤が約一メートル沈下した。しかし、被害のほとんどは、その後の火災によるものである。

火災が広がっていく中、走行中だった電車を職員が安全と思われる場所へ押していく光景が各地で見られた。だが、避難民で路上が大混雑していることと、広域を焼き尽くした大火災の下では、そうした必死の活動もほとんど徒労となった。焼失区域で立ち往生していた三九五両の電車が焼失してしまう。

市内にあった車庫も、多くが被害に遭った。市電の車庫は、大部分は煉瓦または鉄筋コンクリート造りで、木造のものは少なかったものの、一帯が猛火に包まれた車庫では、車庫内の市電車両は、高熱により炎上した。

地震発生後すぐに、現在の伊勢丹デパートの西側にあった新宿車庫が火の手に襲われた。山手線内の西側半分では、大規模な火災は起こらず、唯一やや燃え広がった火災が、この新宿車庫付近の火災だった。同車庫の職員は、追分方面に停車中の電車数台を新宿駅方面に手押しで移動させた。さらに南から迫る火に尻を叩かれるようにして、一二台の電車を北側の大久保車庫付近まで一キロ近く押していった。現在の新宿区役所付近、靖国通りから北に分かれてゴールデン街の横を遊歩道として続く「四季の路」が、かつての大久保車庫へと続く線路跡である。ここを職員が電車を押していった。この時新宿車庫には、在籍車一八七台のうち七一台が停留していた。十二時三十分頃には早くも車庫が火に包まれ、避難させられなかった五七台が焼失となる。

また、市内火災が広がるに連れて、一日夕方四時には本所車庫と本所仮車庫、同八時に有楽町車庫と三ノ輪車庫、九時半に錦糸堀車庫、翌二日午前二時に浜松工場の順で、火の手に包まれていく。焼失車両数は、線路上や車庫、工場内などすべて合わせて、全車両数の四割を超える七七九台にのぼった（表10参照）。

表10　東京市電　車両の焼失地

車両焼失地	焼失車両数	焼失前所属車数
線路上	395	―
三田車庫	0	183
青山車庫	0	231
新宿車庫	57	187
本所車庫	56	113
錦糸堀車庫	67	156
大塚車庫	0	182
巣鴨車庫	0	189
三ノ輪車庫	64	169
早稲田車庫	0	151
有楽町車庫	26	89
広尾車庫	0	163
神明町車庫	0	92
工場	73	0
本所仮工場	41	0
合　計	779	1905

大火災に巻き込まれて焼けた市電車両。台車は鉄製だが木製の上半分が焼失した。上野駅前での撤去の様子

震災で惨劇が最も甚だしかった本所被服廠跡地に近い本所車庫の様子を、九死に一生を得た本所出張所長の報告で見てみよう。

「今まで安全地帯と思って集合し、書類器物をも運ばせた所内の仮工場も、聊か危険を感じたので、搬出物を移転せしむることに決し、その移転場所を仮工場の奥の広場に定め（中略）突然大旋風起こり忽ち一面の火の海となってしまった。当時の状況は到底筆紙の能くする所ではなく、最初砂利丘の上で指揮しておった自分は、吹き飛ばされて中央にある軌道の南側の凹所に落ちた。風はますます激しく、燃える枕木や五六寸大の石が木の葉の如く飛んで逃げ迷う人々に多くの死傷者を出させた。車庫検査掛りの一人はこの時惨死し、自分は四所におったので、飛び来る燃木や焼石をわずかに避けていた」

車庫、仮工場などのあるこの本所出張所では、所属従業員の中で、運転手二四人、車掌二一人など合計五三名の死者を出している。

火災による線路の被害も甚だしかった。火災区域ではすべての架線と架線支持鉄柱が焼失または湾曲するなどして、総延長六五キロの架線が被害を受けた。専用線部分や橋部分などの枕木は一一万〇〇七八本が焼失し、二六カ所の軌道橋梁が落下や焼失した。レールの敷石や線路の陥没など軌道の破損も総延長一五キロに及んだ。

損害総額は二〇〇〇万円を超え、この金額が如何に膨大かといえば、関東大震災で被害を被ったすべての私鉄と横浜市電の被害額を合計した金額の四倍ほどに当たる。

有楽町にあった東京市電気局の本庁舎は、一日夜十時頃焼失した。木造三階建て、分室も合わせて建坪千五百坪ほどの堂々たる建物だった。東京市電気局は、市電の運行の他、工場や一般の家庭への送電事業などの電力業務も行っていた。この時代の電力業界は、昭和の戦後に生まれた東京電力のように地域独占ではなく、同じ都道府県内でいくつもの会社が乱立していた。東京市電気局も、民間の大企業である東京電燈、日本電燈と熾烈な争いを繰り広げている最中である。また、東京市電気局の市電と電力事業は、お互い黒字赤字を、年により補完しあう関係でもあった。

その本庁舎が焼けたため、一時東京市役所内の表門側にテント張りの仮本部を設けた。市役所内は騒然として混乱の極みといった状態だったので、三日朝から電気局の材料置き場があった桜田門外に本部を移した。総責任者の長尾半平局長は、震災発生以来十日間以上も、桜田門外のバラック庁舎の中で局員と寝食を共にして指揮に当たった。ちなみにこの長尾半平は、帝国大学を出て内務省に入省後、ロンドンに港湾調査のため滞在中、夏目漱石と同じ下宿に住んでいた人物である。漱石とは正反対の実務肌だったため、逆に二人はウマが合ったようだ。よく話をし、官費が支給されている長尾のほうが金に余裕があったため、漱石によく食事をおごり金も貸している。

震災後四日たっても、市内の全市電は完全に停まったままだった。市電を走らせるためには、線路や架線の復旧と共に、発電所からの送電網や電車用変圧所の復旧も欠かせない。市内にあった十三カ所の変圧所のうち、七カ所が火災に、三カ所が揺れによる破損などの被害を受けた。

被害を免れた小石川、白金、駒込の変圧所のうち、試運転の結果駒込の成績が良かったので、九月六日、神明町車庫前〜上野三橋間に、震災後初めての電車を運行させた。この日同区間に一二台が運行し、市民は帝都復興の象徴として電車が走るのを見

無料となった東京市電に乗るため被災者が押しかけて混乱の様子

守った。九月八日には四谷塩町～泉岳寺前間など四路線が運行を再開し、十月末段階で、全軌道の約半分の距離を復旧、全線復旧したのは大正十三年六月十二日だった。

九月六日の開通当初、市民ほとんどが被災者のこともあり、乗車料金は無料とされた。車両不足、電力不足で運行本数が少ない中、無料とあって乗客が殺到し、停留場は大混乱となった。車体の外側にも多数の人がしがみつき、子どもや婦女子、老人はいつまでたっても乗れないという状況である。九月十七日より暫定乗車料金が施行され、被災民の証明書を持たない者は、乗車料金片道六銭での乗車となった。すると罹災証明書を得るために区役所や警察署に人々が押し寄せ、ここでも大混乱となる。芝区役所には、一日で一万人以上が罹災証明書の発行を受けるために訪れた。そのため、九月二十五日に被災民の無料乗車制度は廃止される。

また、震災前より乗車料金は片道一銭安くなったものの、これまでの乗換券が廃止されて、乗り換える時はまた新たに片道切符が必要となるシステムに変更された。現在でも都内で目的地に行くのに地下鉄を何路線か乗り換える人が多いように、当時も市電の系統を乗り継いで行く人が多かった。その場合、新たなシステムではこれまでの二倍、三倍といった運賃になるので、これに苦情が殺到した。報知新聞九月二十日の記事を引用すると、

「乗り換えのたびごとに電車賃を取るなど、まるで電気局は火事場泥棒のようなひどい事をする。また命がけでないと乗れないような混雑を何とする」ということに対し和田理事が次のように回答している。

「一応ごもっともなお叱言（こごと）で恐縮に堪えぬしだいだが、実は一運転系統毎に料金を取ることも運転系統を連絡させていないのも、混雑緩和のためである。混雑緩和というとちと妙にとられるが、そのわけはこの際乗客を制限する必要があるからである。車両を動かす電力が十分でない上に車両も半分焼けて、今はそのうち半分の三百台ほど

動かしているが、電力が十分でないから思うように車両をよけい出すわけにはゆかない。その辺を諒とせられたい。この場合僅かなところは歩いてもらいたい。また焼け跡見物の如き人は出かけてこないように願いたいと考えている」

たしかに、乗客の数を制限し少なくするために料金を値上げするのは、一つの策ではある。だがそのために、超混雑の電車に乗れなかったり長い距離が歩けない弱者を完全に犠牲にしている策でもあった。

また、電力不足を補うために生まれたものに、大正十二年十二月三十日より実施の急行電車の運行がある。電車は発進、加速時に電力を多く使う。無停車による電力節約と、運転時間の短縮による車両の効率運用が狙いだった。混雑緩和も意図したという。運行方式は、普通電車と急行電車が混在するのではなく、朝夕のそれぞれ三〜四時間、すべての電車を急行とし、全線三五二の停留場のうち、もともと乗降人数が少ない一四二の停留場を通過させるものだった。これにより浅草〜品川間で約十五分のスピードアップとなった。急行運転は大正十五年四月まで続けられた。

日本橋付近の焼けた煉瓦を処理するために、古電車を改造した貨物電車も、大正十三年頃運行を始め、昭和七年まで運行されている。

東京市電は、震災翌年の大正十三年、過去最高の一日平均乗客一三五万九六四一人

を運ぶ。この年が市電黄金時代のピークだった。この後市電は乗客数を減らし続け、昭和九年には同七八万七五六六人まで落ち込んでいく。原因は不況という社会背景と共に、ライバル交通手段の登場だった。

当時東京市内には、「青バス」の愛称で親しまれていた東京乗合自動車会社のバスが走っていた。同社のバスは大正八年に運行が開始されている。東京市でも明治時代末頃から市営乗合自動車の運行が何度も検討されていたが、そのたびに市電の路線網を充実させるべきだという反対意見が出て、実現には至らなかった。関東大震災を契機に、これまでの経緯が嘘のように、市による乗合自動車事業が一気に進展する。「電車復旧までの応急施設とすべし」と東京市議会から条件を付けられた追加予算二〇〇万円で、アメリカのフォード自動車会社に一一人乗り自動車一〇〇〇台を注文した。大正十二年十月、市電従業員の中から一〇〇〇名の自動車操縦見習生を募集し、陸軍自動車隊、基督教青年会自動車部などに依託して教習させた。暫定的な事業と銘打った割には、かなり本格的な規模である。大正十三年の一月から二月にかけ八〇〇台が到着し、一月十八日から東京駅〜巣鴨間、東京駅〜中渋谷間の運行を開始させた。運転時間は平日は午前七時から十一時、午後三時から七時、休日は午前七時から午後七時であり、市電が混雑する時間帯のみの運行だった。

予定したより利用客が多く、大正十三年三月末には早くも二十系統合計一五〇キロ以上に路線網を広げている。料金は一区十銭で、市電より高い。この市営バスは、経費節減のため車掌を乗せないのも特徴で、市民から「円太郎バス」と呼ばれた。明治の初めごろ落語家の橘家圓太郎が乗合馬車の物まねをして人気を得ていて、その頃登場した乗合馬車は円太郎馬車と呼ばれていた。とくに当初の市バス車両は、客室の窓部分が乗合馬車の幌のような簡素な作りのため、この名で呼ばれるようになった。「青バス」より粗末な車両だとも盛んに言われている。

大正十三年六月に市電が全線復旧すると、市バスの認可が同年七月末までだったので、市参事会は市バスの廃止を議決する。廃止となると反対運動が起こり、結局市会も存続の決議をした。バスの導入からこの存続の決議まで、何やら出来レースのようだともいわれた。この市バスは現在の都バスへと発展していく。さらに昭和二年には東京地下鉄道により、浅草～上野間に地下鉄が開業。これは現在の東京メトロ銀座線で、昭和十四年に浅草～渋谷間が全通した。戦前に開通していた東京唯一の地下鉄である。

6——崩れた街を猛火が襲った横浜

横浜港の大桟橋、震災当日の正午前、カナディアン・パシフィックライン社のエンプレス・オブ・オーストラリア号（二万一八六〇総トン）は、邦人外国人ともども船客千人ほどを乗せて、バンクーバーに向けまさに出港しようとしていた。見送り人も桟橋上に多数やって来ていて、甲板と桟橋の間には、五色のテープが数え切れないほどなびき、外国航路特有の華やかなムードが漂っていた。港内を見渡せば、大小百数十隻の船が停泊し、小型汽船や艀（はしけ）船が頻繁に往来している。第一次大戦後の不況で横浜経済は打撃を受けたといわれるものの、それをあまり感じさせない、活気溢れる光景である。

隣の新港埠頭では、翌日北米に向かう東洋汽船これや丸（二万一八一〇総トン）のほか、大阪商船ぱりい丸及びろんどん丸、日本郵船三島丸なども係留されていて、貨物の積み込みなどに忙しそうだ。この新港埠頭には、現在赤レンガパークとなっている赤レンガ倉庫一号館、二号館等と共に、国有鉄道の横浜港駅があった。東洋汽船と

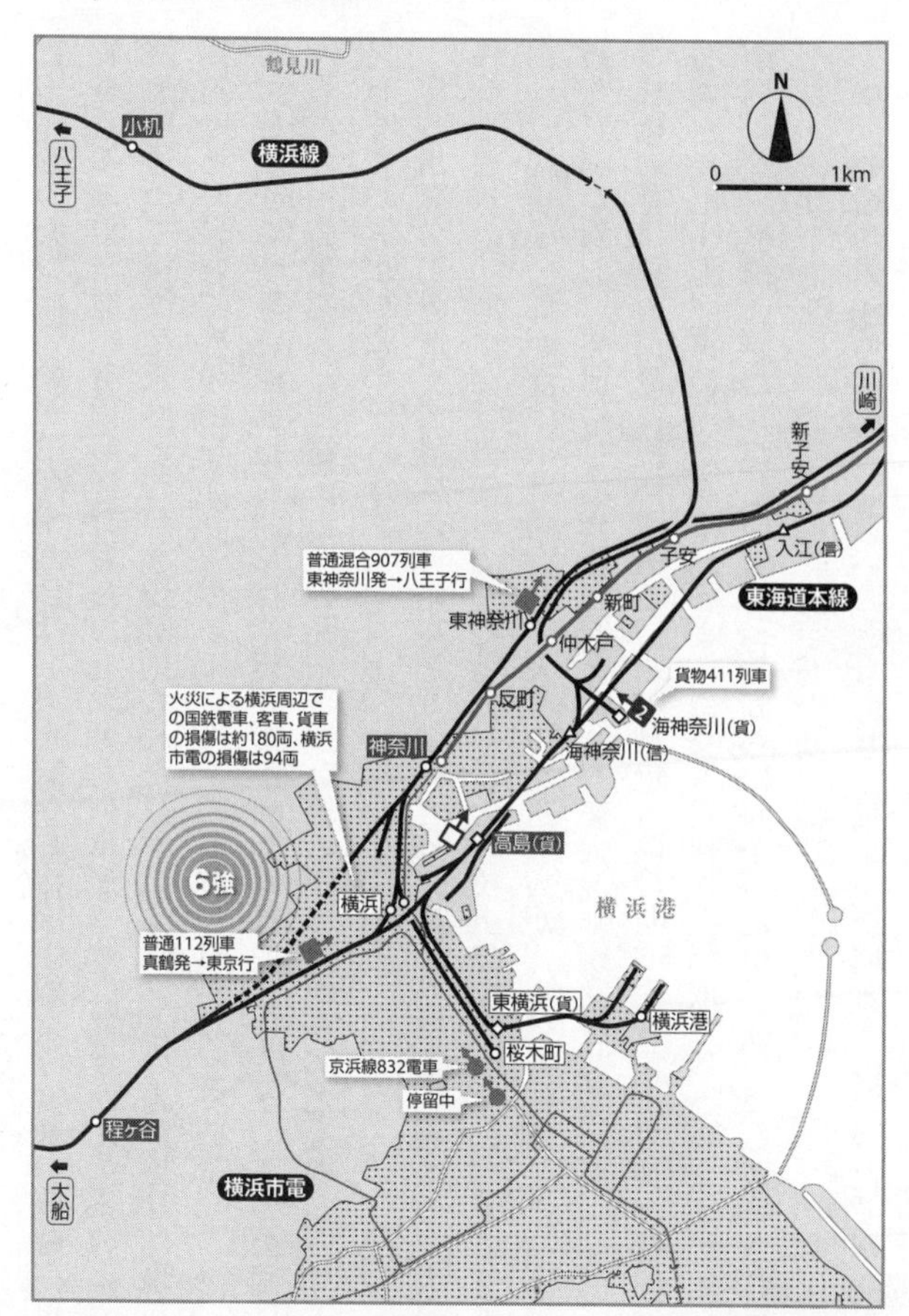

東京と同様、横浜も揺れでの列車被害は3本だけと少ない。横浜市内の焼失地を走る神奈川（現横浜駅付近）〜桜木町間の京浜線と横浜市電の被害が大きかった

日本郵船の大型旅客船が出港する日は、東京駅から横浜港駅まで直通の臨時列車が運行されるので、翌二日は、洋行者たちを乗せた列車が、水上に浮かぶ土手のような線路道を通って横浜港駅へと向かう姿が見られたはずだった。この線路道は、現在「汽車道」と呼ばれ、港の中を赤レンガパークへと続く遊歩道となっている。

大桟橋から新港埠頭と反対側には、現在山下公園が続いているが、この公園は関東大震災の復興事業として横浜市内の瓦礫を運び埋め立てて作られたものなので、この時はまだできていない。

定時出発の二分前、大桟橋にいた見送り客にとってはまさに驚天動地の一大鳴動が、桟橋を襲った。港に突き出た埋め立て地である大桟橋上に立つ上家は、見る影もなく倒れ、桟橋の一部が海中へと陥没し、大勢の見送り人が、海へと転落した。助けを求める悲鳴が満ち、突如にして修羅の巷となり、一大混乱が巻き起こった。

桟橋の付け根の部分に税関がある。その付近も陥没し、大桟橋上で辛うじて海に落ちなかった人も、海に浮かぶ小島のようになった桟橋上に取り残された。付近にいた小型船が、桟橋にいた人たちの救助へと直ちに向かったが、強い風と破壊され墜落したコンクリート塊などで救助に時間がかかり、犠牲者が出た。

横浜の揺れの強さは震源に近いこともあり、東京を上回るものだった。現在の横浜マリンタワー付近にあった煉瓦造り四階建てのグランド・ホテルと、すぐ近くの煉瓦造り五階建てのオリエンタル・ホテルは崩れ落ち、客やボーイが下敷きとなった。内外紳士淑女が集うことで名高かった両ホテルで、死者約一四〇名が出たという（『横浜の関東大震災』今井清一）。近くの中華街では、建物の多くが古い煉瓦積のものだったので、最初の激震で目茶目茶に粉砕されてしまった。その後の火災を合わせて中華街では中国人五〇〇〇人のうち約二〇〇〇人の死者を出している。

横浜の震災被害の特徴は、第一に家屋倒壊で圧死者が多く出たこと。第二にその後の大火災では火元の数が東京よりも圧倒的に多く、そのため火の回り方が早かったことである。東京では足かけ三日間燃え広がったが、横浜では一日の夜遅くまでの間に、ほぼ市街を焼き尽くした。また、現在の横浜駅の桜木町寄りすぐ隣には、線路の両側にスタンダード石油とライジングサン石油の貯油槽があり、これが爆発炎上した。ここから流れ出た石油が付近の川に入り、まさに火の川と化し、橋や建物を下からあぶり出すことにもなった。

横浜市での死者の数は二万一三八四人にものぼっている。当時の横浜市は、人口が東京の二割程度なのだが、死者の数は東京の半数近くに達し、惨劇の強さを物語っている（67頁表1・2参照）。焼失地域は、北は現在の横浜駅付近から関内を経て山手町まで、東西は、海岸通りから伊勢佐木町を経て弘明寺付近までに及んでいる。まさに市街は壊滅的打撃を受けた。

横浜駅

現在の横浜駅の地はいわば三代目横浜駅で、震災時は、二代目横浜駅が現在とは別の場所に立っていた。横浜駅から京浜東北線で七〇〇メートルほど桜木町方面に行った線路沿いの西側で、地下鉄ブルーライン高島町駅がある付近である。初代の横浜駅は、現在の桜木町駅。初代の場所だと大阪方面に行く列車は、ここでスイッチバックをしなければならないため、大正四年八月、赤煉瓦三階建ての駅舎が竣工した二代目横浜駅の地に移転する。東京駅の赤煉瓦駅舎開業の八カ月後であり、これで、東京と横浜の表玄関に、威容を誇る建物が揃ったことになる。二代目横浜駅は、駅舎の裏手に東海道本線のホームが二面あり、駅舎の手前ですでに東海道本線と分かれる形の曲線を描いて京浜線（現京浜東北線）のホームがあった。さらに特徴的なことに、駅舎の真正面目の前を貨物線が高架で横切っている。これでは威風堂々としたファサードの眺めが台無しで、まことに珍しいレイアウトである。

地震発生後、横浜駅へ避難者が続々とやってきた。荷車や人力車に家財を乗せてい

横浜駅、東海道本線ホームと避難列車。背後に内部が焼けた横浜駅舎が見える。9月8日、横浜〜大船間が開通した直後の状況だろう

る人、大きな風呂敷包みを背負う人、泣く子の手を引く人、老人の手を引く人、まさに混乱の極みだった。市内各所で火の手が上がったのは見えていたものの、当初は周囲の情勢から見て、駅に火災はやってこないと思われていた。午後三時半頃、俄かに風向きが西北に変わり、運河の向こうにある渡辺倉庫が炎上し、その火が東京電燈会社支店の電柱に移り、遂に構内の職員休憩所と浴場を焼き、火勢ますます拡大して平沼口出札所跨線橋を襲いはじめた。駅では居合わせた助力者と職員とで跨線橋を破壊し延焼を食い止めようとしたが、猛火を前にしてかなわず、駅舎へ火が入った。この間駅員は、便

殿（天皇皇后両陛下の休憩室）と貴賓室にある備品の避難、駅長事務室の重要書類の搬出などを行っている。

駅舎に火が迫る頃、北方五〇〇メートルほどにあるライジングサン石油とスタンダード石油の貯庫方面からは、何度か耳をつんざく大爆音がこだましてきていた。その方角を見ると上空に真っ黒な煙が渦を巻いていて、駅構内にいた多くの避難民は恐怖に顔をひきつらせた。腰を抜かしたのか茫然としたままの人もいる。この時、戸部警察署部長巡査の板野權太郎が、居合わせた巡査と共に、

「唯一つの逃げ道は、この貨物線の先、高島駅構内にある。我に続けや続け！」

と大声で叫び、駅の正面の高架線路に上って五〇〇メートル先に広がる高島貨物駅構内へと皆を導いた。

高島貨物駅は、広さ六万八〇〇〇坪、東洋一の規模を誇るものである。駅前を通る貨物線路の先がどんな所か、ほとんどの人が知らなかったが、群衆は雪崩のようになってついてきた。午後四時半頃、横浜駅は炎を高く上げ始めた。

午後五時頃、本所被服廠跡地などでも起きた大旋風が、横浜駅へ襲来する。家財道具やトタン、畳などが上空へ巻き上げられる。避難民たちは、背後は海、三方を火に囲まれた高島駅で、津波の噂にもおびえながら一夜を過ごした。

横浜駅の火災が鎮火したのは当日の夜十一時三十分頃。駅の備品で最後まで避難さ

焼失した2代目横浜駅。手前の高架線路は駅舎正面を通る貨物線で、火災からの避難者はここを通って高島貨物駅へと向かった

せることができたのは、便殿用の椅子のみ。後は全部灰となった。横浜駅は震災後仮設駅舎で営業し、昭和三年、現在の横浜駅の地に移転する。横浜駅は移転するたびに、関内など横浜の中心部から遠ざかるが、東京と大阪を結ぶ上では、より短絡するルート上に移っていく形になる。

現在、二代目横浜駅があった地に立つマンションの一郭に、煉瓦造り駅舎基礎部分の遺構が保存公開されている。そこを訪れて二代目駅舎の正面玄関付近に立ってみると、目の前に京浜東北線の高架が桜木町方面へ延び、横浜駅の駅前だったという賑わいの名残はまったくない。八年の短命に終わった二代目駅舎に思いを馳せると、昔を知る人の間で言われている「幻の横浜駅」という言葉を実感する。

桜木町駅

明治五年、横浜駅として開業当初からの建物二棟は、最初の激震で倒壊、その間に立つ鉄筋コンクリートの建物は天井など一部が墜落した。地震発生後三十分くらいたった頃、南側の都橋付近と馬車道方面に火災が見えた。しかしこの後駅が燃えるなどとは、誰も想像していないようだった。午後一時頃、駅前広場には推定一万五〇〇〇人ほどの避難者が集まり、まさに一面の人と荷物といった状況となった。

そのうちに火はますます勢いを得て、都橋方面から盛んに火の粉を吹きつけ、駅前運河の向かいにあるつたや旅館の三階に燃え移り、さらに隣の横浜石炭同業組合の洋館を炎で包んで、一気に駅前広場へとやってきた。広場では、荷物や着衣に火がついて運河の中に飛び込む人、すぐ隣の東横浜貨物駅の線路へと逃げる人など、惨劇が繰り広げられた。午後二時半ごろ、桜木町駅は炎上し、構内にあった電車二編成も焼失した。

避難者は、火に追われ、東横浜貨物駅構内に集まってきた。現在の桜木町駅みなとみらい方面口の広場になっている場所である。周囲には二〇〇両ほどの貨車が停留していた。これに燃え移ったらもはや避難場所はない、と考えた避難者たちは、協力しあって貨車を安全な方向へと押していく。このためここでの貨車の焼失は約八〇両にとどまった。駅付近は水道管が破裂して、陥没と水浸しとでまともに歩けない状況だった。当時は液状化現象が知られていなかったので、水道管の破裂と思われたものには、液状化によるものも多いだろう。横浜市の記録では、省線（国鉄）敷地内で四〇〇人の焼死者が出たとされている。横浜駅構内、その東隣の神奈川駅構内と共に、桜木町駅構内で焼死者が多く出た。横浜～桜木町間の高架線路上へも旋風が数回やってきている。

横浜市電

約一九キロの路線網のうち、約七割の区間が焼失地域にあたったため、被害は甚大だった。地震発生時に市内を走っていた電車八八両中、五七両が周囲の火災に巻かれ焼失した。そのほか高島車庫も全焼し、ここでも電車一七両が燃えた。また瀧頭修繕工場の車庫が倒壊し一九両が破損、運行中に横浜刑務所の煉瓦石塀倒壊に遭い一両が大破、貨車一両も運行中に焼失した。全一五三両あった車両のうち、震災後は、運転できるのが五九両だけとなってしまった。

横浜市電、桜木町駅前停留所。右側の大きな建物は、木造部分が焼けた国有鉄道桜木町駅舎

現在の大通り公園に沿って走っていた吉田橋～駿河橋間では、道路が隆起陥没して波打ち、レールは運河側へと二メートル近く滑べるように動いた。小規模なものも含めれば、線路はほぼ全線に亘って被害を受けている。架線用の鉄柱も、火災の高熱で折れたり曲がったりして、半ば破壊されたものが四〇〇本、全部破壊されたものが二〇本あった。

電力の供給もまったく断たれてしまった。千歳橋と常盤町の変電所で、電力会社から受電していたのだが、それらの建物は倒壊し、機械も大破損した。予備として高島町に自前の火力発電所を設けていたが、こちらは倒壊後全焼してしまった。

横浜市電のバラック電車

市電の職員全一〇一九人のうち死亡者は五人。また自宅が全焼した者三八四人、自宅が全壊半壊した者は九五〇人にも達している。職員のほとんどが、自分の家に住めなくなった。

横浜市電の復旧工事は、職員の手だけでは到底不可能であり、陸軍の鉄道第一連隊三百名の応援を得て行われた。まず同年十月二日神奈川〜馬車道間が開通、そして十月二十六日には、早くも全線の開通を見る。ただし、線路は復旧させたものの電車が足りない。ここで急遽登場させたのが、横浜震災名物といわれた「バラック電車」だった。横浜市電気局で急造した屋根のない無(む)蓋(がい)電車一三両が十月二十八日にデビューし、同月三十一日には、大破した電車を改造修理したバラック電車六両も登場、このほか、横浜市電気局が昼夜兼行で新車を製造し、京王電気軌道、大阪市電気局などからも購入して、不足分の車両を補っていった。バラック電車の運行は、冬の寒さが訪れた十二月末までに、すべて取り止めとなっている。

市電の復旧こそ横浜は東京より早かったものの、全体的に横浜市の復興は東京より困難な面が多かった。東京は市役所、区役所、警察署、税務署、裁判所などの大部分が大きな被害を免れ、地図や公簿の類が存在していた。官吏の住宅が多かった山手地区も焼けなかった。横浜は、官庁、警察署などすべてが焼けてしまい、公簿も地図もまったく失われてしまった。横浜市電気局の職員の例にみるとおり、市内で働く人の自宅もほとんど焼け、復興の面で大きな妨げになった。

このほか、神奈川県の他の都市の被災状況を簡単に挙げてみる。

川崎では大火が起きなかった。大正十三年に川崎町、大師町、御幸村が合併して川崎市が誕生した。この二町一村を合わせた関東大震災での死者行方不明者は九三二人。全人口は約四万二〇〇〇人（二町一村合計大正十一年現在）である。全焼家屋はわずか一戸。一方全壊半壊戸数は三七六四戸と多い。犠牲者の多くは建物の倒壊によるもので、とくに臨海部、地盤の弱い地区の工場内での被害が多かった。

横須賀市は、完全を保った家は一軒もないといわれたほど、激震と火災で壊滅した。全人口七万四五〇〇人のうち死者行方不明者七六八名、総世帯数一万七〇一〇のうち、全焼世帯数二〇九四、全壊半壊世帯数六一三六。港では筥崎（はこざき）重油槽が激震で破壊され、貯蔵中の八万トンの重油が火焔を上げつつ猛然と港外方面に浮流して、港は火の海となった。停泊中の各艦船は急遽港外に避難、火の海は四時間にわたり黒煙を上げ激しく燃え続けた。筥崎は現在米軍施設のある港内の島で、当初吹いていたのが南風だったため、重油による紅蓮の炎と黒煙の塊は港外へ流れていった。もし北風が吹いていたら市内を直撃し、一木一草残らず焦土と化すような事態になっただろう。

小田原町は、震源地に近かったので、震度七と推定される激震と火災により目抜き通りのすべての家屋が全焼し、全町の三分の二が焼け野原となってしまった。人口二万六六六八人のうち死者行方不明者三七四名、総戸数五一五五のうち全焼戸数二一二六、全壊半壊戸数二四四六。家屋はほとんどが半壊以上の被害を受けている。

無蓋貨車に避難民を乗せた東海道本線列車。品川駅南方、八ツ山橋付近

第6章

避難列車

1――避難民を無賃輸送

東京と横浜では、震災で合わせて百万人以上が焼け出された。上野の山にある上野公園と宮城前広場だけでも約八〇万人が一時避難していたが、九月三日には無情の雨が降る。人々は、近くの学校、官庁、寺院、駅、橋の下、仮設テント下などへと散っていった。地方に親類や縁故がある人はそこを訪ねて、またそれらが無い人でも東京にいるよりましと、東京からの脱出を考える。当時長距離を旅する交通手段はほとんどが鉄道で、他には船くらいしかない。

九月三日の時点では、人々は駅などで次のように知らされた。もっと不確かな内容しか掲示、案内しない駅も多かったかもしれない。

◎東海道本線　東京〜品川間不通　品川〜川崎間四日中に開通の見込み　川崎より西は開通日不明

◎中央本線　飯田町〜八王子間、本日（三日）開通の見込み　東京〜飯田町間と八王子より西は開通日不明

◎東北本線、信越本線　日暮里～川口町間は四日開通の見込み　川口町以北は東北本線・高崎線・信越本線とも無事
◎常磐線　北千住～我孫子間は四日開通の見込み　我孫子～取手間は開通日不明　取手以北は無事
◎総武本線　亀戸～稲毛間運転中　稲毛～千葉～四街道間は三日中に開通の見込み　四街道～銚子間は無事
◎北条線　蘇我～五井間運転中　とくに上総湊以南は開通日まったく不明

東京周辺の人たちは、東海道本線などが、どの程度被害に遭っているのか、正確な情報は与えられていない。日々、建物被害を目の当たりにしているので、「開通日不明」という掲示をみれば、とても数日間で開通するものではない、と感じただろう。名古屋・関西方面へ行く人は、いつ開通するか分からない東海道本線で西に向かうより、大回りになり何日間かかるか見当がつかないが、信越本線に乗る覚悟をせざるをえない。長野・北陸方面へ向かう人々も含めて、高崎線・信越本線へと避難民が殺到し、同線の列車は想像を絶する大混雑となった。

国有鉄道側でも混雑が予想できたため、九月二日から東北本線・高崎線の列車はすべて大宮駅を始発終着とした。大宮以南は、日暮里駅までの間に適宜列車を運行させ

た。九月五日からは、高崎線・信越本線への列車は日暮里駅始発、東北本線への列車は田端駅始発とする。列車混雑の様子は数多くの写真が残され、そのことについて書かれた記事や手記も多い。『国有鉄道震災誌』の日暮里駅の記述には、信じがたいほど多くの乗客を列車に詰め込んだことが書かれている。向かい合わせ四人がけボックスシートが並ぶ旧型客車の場合、一両の座席数は一〇〇席ほどだということを念頭に入れて以下の報告を見てほしい。

「当時ボギー客車一〇両ないし一二両を以って列車を編成した」

「毎列車乗車数約五〇〇〇及び六〇〇〇を算す」

すなわち座席数の五倍の人間を車内に詰め込んでいる。それでも押し寄せる避難民をさばききれず、一日待っても乗れない人も多かった。途中駅にあたる赤羽〜大宮間の駅から下り列車に乗ろうとする場合、すでに始発駅から超満員となっていて乗れないので、そこからの乗客はまず逆方向に始発の日暮里までやってきた。その列車も超満員である。彼らが折り返しの客車に乗るために車内に居続けることの防止や、列への割り込みを防ぐために、

「日暮里駅で降車客は全部列車の反対側に降車せしめ、駅員ならびに兵士をもって警戒線を張り、線路上を一直線に南部踏切道へ誘導し、その踏切には貨車用ロープを張

田端駅での避難列車の様子。避難列車では、走行中に乗客が屋根から落ちる悲劇も発生している

って警戒線を設け、出口を一定し警戒及び出場者の整理は軍隊その任に当たり、その出口に置いて十数名の改札係が出場出札をなす」と、軍隊が出てきて各所に警備がなされ、なんとものものしい。

そうして乗った列車は、東京日日新聞九月七日の記事によれば、日暮里駅では、屈強の若者が必死になって大混雑の車両に乗り込もうとしてもそれができず、列車の屋根に上るのはもとより、兵児帯（へこおび）を客車の窓枠に結んで窓外に腰掛けを作りぶら下がる者たちで鈴なりだったという。車両の連結器部分にも必ず二、三人がしがみついていて、中には車体の下に這いずりこみ車軸に

無蓋貨車で運搬される避難民。こうした避難列車は、品川付近や横浜付近で運行された記録がある

取り付いている者もいた。列車の速度は牛歩の如く、そのため目的地まで何時間かかるか分からないといった状態だった。

また九月七日の報知新聞によれば、浦和駅で列車の屋根にいた乗客五十余名が陸橋に衝突して転落し重傷を負った。屋根の上まで人と荷物が一杯で、列車が陸橋をくぐる際、身をかがめたり屋根に寝そべろうとしても、そのスペースがとれない状況だった。屋根に座っていて、走行中迫ってくる前方の陸橋を見て、恐怖のあまり飛び降りて怪我をした者もいた。また、車両にぶら下がっていたために、信号機、電柱にぶつかった人も含め連日死亡者が出たと報道されている。客車の屋根に上らせないために、屋根のない無蓋貨車に乗客を乗せた列車もある。

無蓋貨車に避難民が満載される光景は、その写真が新聞や雑誌に掲載されると、人間が荷物や家畜のような扱いで運ばれていると、話題となった。この無蓋貨車で避難民を運ぶ一見破天荒の案は、国鉄の旅客課長だった種田虎雄が、元の東鉄局長大道良太の意見を取り入れて行ったものだという（『種田虎雄伝』）。

作家の室生犀星も、妻子と共に、こうした列車に乗っている。まず九月二日、「満山の避難民煮え返るごとし」といった上野公園で、別れ別れになっていた妻に会う。朝子と名づけたばかりの赤ちゃんを抱いた妻は出産から六日しか経っていず、体力が回復していない。妻と赤ちゃんだけでも国に帰そうと思い、翌日車で赤羽へと向かった。赤羽駅は二、三万人の避難民が集まり、汽車に乗ることなど思いもよらない状況だった。上野方面へ列車で戻ろうとしたが、そちら方面も、もはや人でいっぱいで、「産婦赤ん坊などを連れて列車に乗ることなど、命を捨てにいくのも同然だ」と通行人に言われる。雨にも降られ途方に暮れていると、小田切という見も知らぬ少女が来て、自分の家の座敷が空いているので泊っていくといい、といってくれその言葉に甘えることとした。白飯のお握りも出され、一同好意に涙ぐむ。五日、田端行きの上り

列車に何とか家族皆で乗りこめた。その列車の中で、
「四、五人の消防夫産婦と子供とをかこみ保護して呉れる。しかもこの非常時にさへ産婦のそばに人波の押し寄せることを食ひ止めくれしため、やうやく窒息をまぬがる。田端へ着き産婦やうやく疲る。生後八日目の子供は上野の火にあひ、赤羽まで行きしが其疲れもなくゆめうつつに微笑めり」(『日録』)

通常なら十分間程の距離だが、命がけといった覚悟の乗車だった。犀星は、赤羽での小田切家や車内で守ってくれた消防夫の好意に、「世に鬼はなしの言葉やうやく身に沁む」と記した。

下り列車の混雑は、東京付近だけでなく、信越本線で名古屋方面へ向かう人の乗換駅である長野県の篠ノ井駅や長野駅まで及んだ。上野運輸事務所と長野運輸事務所との間の通信が数日間まったく断たれ、その後やや復旧しても軍や警察など非常時の通話が優先され、両運輸事務所の間ではほとんど連絡が取れないまま列車は運行されていた。そのため、各駅では列車到着予定時刻が分からず、ダイヤは大混乱の状態が続く。信越本線で東京を脱出した乗客数は、ピークの九月七日が一日約二万七〇〇〇人、翌日は、前日に中央本線が部分開通(与瀬〜上野原間で徒歩連絡)したので、一日約一万五〇〇〇人となり、東海道本線が部分開通(茅ヶ崎〜平塚間、山北〜谷峨間は徒歩連

絡）した九月二十一日になって一日約六〇〇〇人へと落ち着いてくる。

この間、九月三日、被災者の無賃輸送が、鉄道大臣より決定通告された。被災地が物資欠乏のため、被災者を早急に避難帰郷させるのは、政府の方針でもあった。被災民かそうでないかの区別が困難なので、補足するようにして、九月五日、以下のことが実施される。

一、東京周辺など震災地間どうしで列車を乗り降りする場合は、罹災民かどうかの区別なく、すべて運賃無料。

二、震災地域各駅で乗車し、遠方の駅（東京鉄道局以外の各鉄道局管内の駅）で降りる乗客は、常磐線は水戸、東北本線は宇都宮、信越本線は高崎、中央本線は八王子、東海道本線は沼津の各駅以内で、罹災民と記入または捺印した紙片の配布を受け、これを持っていれば、その先の下車駅まで運賃無料となる。また同じく地方の私鉄でも運賃無料となる。

九月十七日、それまで無賃扱いの罹災民は、どの等級の車両にも乗れたが、特急、急行列車へは乗れなかった。この日より急行列車には三等車に限り、無賃で乗れるようになる。

九月十八日、ある地域まで避難していた罹災民が、さらに遠くの故郷、親類のいる地まで旅行する場合は、府県知事、市町村長の証明書と引き換えに三等運賃を五割引で購入できるようになる。

九月三十日、罹災民の無賃輸送がこの日を最後に廃止となる。

また、上り列車へは、東京や横浜への入込み旅客の制限がなされた。関東大震災の第一報が全国に伝わるや、安否を確かめに上京しようとする者で、上り列車も大混雑となりはじめた。震災地ではただでさえ混乱している中、多数の見舞人が入り込むのは、救護復旧活動に支障をなすと判断された。九月二日に、緊急勅令で東京横浜一帯に戒厳令が敷かれたことも受けて、九月三日午後三時半、鉄道省運輸局長名により、

一、公務を帯びた者

二、自ら食料品を携帯する者

三、震災地域に家族がいて帰宅する等やむをえざる者

を除き東京方面への切符発売を許可しない旨、全国に通達された。東京への列車に乗るには、一の公務の場合は所属役所などの証明書、二、三では警察署の証明書が必要とされた。だが、入京者は日に日に激増して、駅の混乱も極みに達してくる。信越本線経由で東京にやってくる乗客は九月二日に約四七〇〇人だったのが、翌日には約一万二〇〇〇人に達した。そのため上り列車は大宮駅止まりにして、そこから徒歩で

入京させるようにしたが、それでも入京者は減らない。九月九日から同月中旬にかけて、東北本線、高崎線、信越本線の上り列車の約半数を、乗客を乗せず空車で運転するといった非常手段にも出た。東京への切符購入に許可証が必要な制限は二十一日まで行っている。

被災者を気づかって上京しようとする各地の様子を、これも新聞記事で抜粋してみると、大阪毎日では「東京へ入るには今のところ信越線だけ」（九月四日）と見出しがあり、本文では、東海道本線が不通のため、西部、中部日本の人は皆、名古屋を経て中央本線で長野または篠ノ井駅に集まるが、信越本線の輸送力が脆弱のため、常に半数以上の人が乗れないで残っていると報告。また、信濃毎日では地元駅の様子を「分岐駅の篠ノ井駅は戦場　避難民と上京者とがカチ合って」（九月五日）の見出しで、篠ノ井駅付近には乗降客が溢れているので、同町では青年会、軍人会、町役場、警察署、医師会等が全部出動して救護に努力し、駅には茶や握り飯を用意し診療所も設置し、駅前丸屋旅館に事務所を設けて無料宿泊所無料休憩所を設けていることを伝えている。篠ノ井駅での救護者数はピークの九月七日には一万人近くに膨れ上がった。

関東大震災では、前述したように朝鮮人虐殺事件が起きた。鉄道でも朝鮮人輸送に混乱が生じる。無賃輸送開始当初、朝鮮人は、被災者であるかないかに関わらず、山口県下関までの鉄道と、朝鮮半島の釜山までの関釜航路が無賃とされた。すると、関東地方の朝鮮人はもとより、虐殺の噂におびえた関西地方の朝鮮人も下関へ押し寄せ、下関は帰鮮しようとする人たちで溢れてしまった。さらに九月二日、内務省の警保局は山口県知事に、震災に乗じて朝鮮人暴徒が入国するかもしれないので、警戒し阻止せよとの指示を与える。

一方、現地の山口県知事は、下関の混乱解消と治安維持のため、「罹災民でない朝鮮人の下関への無賃輸送は絶対中止せられたい」と、鉄道省へ電報を打ち返す。門司鉄道局でも、列車混雑に拍車をかけるので、山口県知事と同様の電報を鉄道省へ打った。九月十一日になって、鉄道省は罹災した者も含め朝鮮人全員に対し、無賃輸送を停止する。社会秩序もだいぶ落ち着いてきた九月二十八日、鉄道省は朝鮮人罹災者に対し、無賃輸送を再開した。十月三十一日まで、朝鮮総督府が発行する関東大震災で罹災した証明書（「内地鉄道用証明書」文面：右ノ者今回ノ関東地方震災ノ罹災民ニシテ帰郷途中ノ者ナルコトヲ証明ス　朝鮮総督府）を持つ者に対し、釜山までの無賃輸送が行われた。

朝鮮人に暴行を働いた者の一部は後に逮捕され、十月十六日の東京日日新聞の報道では、自警団に加わっていた巣鴨駅長が殺人罪で捕まっている。

2——避難列車道中記　大震災に人情あり

避難民を乗せた列車の様子は、どうだったのだろうか。冒頭に記した井伏鱒二だけでなく、東京から各地への列車の様子を書いた記事や手記も、いくつか残されている。雑誌『実業之日本』の特派記者が、東海道本線沿線の状況を取材するために、九月六日に東京を出発し、列車と乗合バスを乗り継ぎ、不通区間はほぼ線路伝いに歩きもして、名古屋まで向かった記事を、一部要約しながら抜粋してみる。

記者はまず新宿から大井町駅まで歩き、同駅でしばし休んでいると、品川方面から下りの臨時列車がやってきた。無蓋貨車に人が満載されている。すでに新聞などで報じられていたのか、それを見ても記者は驚いていない。貨車の中はぎっしり満員で中にも入り込めないので、車両の外側にしがみついた。

「背中の荷は重いし、腕はつっ張るし、おまけに線路の復旧工事が充分に出来て居らないので、動揺が頗る甚だしく、うっかりすれば、すぐに振り落とされて仕舞いそうである」という状態だった。しばらくして六郷川（多摩川）へとさしかかる。

「列車は鉄橋をそろそろと這うようにして渡って」いった。足下の下、枕木と枕木の間には水面が見えた。列車がやっと川崎に着くと、下車する人が五、六人いた。それで記者はようやく貨車の内側に入り込んで、押しつ押されつ佇立することができた。

川崎駅の周辺は工業地帯である。見える限りの工場という工場は、大も小もことごとく皆、全壊または半壊していた。ここから鶴見にかけて、東京電気、明治製糖、浅野セメント、日本蓄音器、日本鋼管、富士瓦斯紡績などの工場がある。「いくら大会社だって、こうなってはもう駄目だなァ」と印半纏(しるしばんてん)を着た大工風の男がいう。すると、「ここら辺りはまだいいほうですよ。本所深川のように、丸焼けになってしまえば、本当に助かるところはありません」と、カラーも無ければネクタイも着けていない鼠色の背広を着た会社員風の男が、かすかにため息をついた。川崎を出ても、汽車はコトコトとゆっくり進んだ。沿線では、「何も知らぬ子供等は、無蓋貨車に盛切り人が乗って往くのを珍しがって、所々の踏切で『万歳万歳』とやったが、車上の人々は一人としてニッコリともする者はなかった」。救援の軍隊を見たら「万歳」をするようにと教えられ、無蓋貨車の乗客を軍隊だと間違えているのだろうか。汽車が東神奈川駅近くまで来ると、見る影もない焼け野原となった横浜の光景が開けてきた。大井町から約一八キロ、苦しかった二時間を終えて、記者は東神奈川駅のプラットホームに飛び降りた。ここからは歩いて沼津方面へと向かった。

横浜の惨状を見て記者は「如何に悲惨なる敗戦の跡でも、市民は斯くの如き痛々しさを味わないであろう」と感じる。その日の寝床は、知人の避難先にお世話になった。

翌日記者は金沢街道を通り逗子で夜を過ごし、三日目は、藤沢から半壊した築堤上の線路伝いに西へと歩いた。茅ヶ崎まで来て、記者は、馬入川（相模川）の鉄橋が墜落して渡れないことを知り、茅ヶ崎駅構内の脱線した客車内で夜を明かした。茅ヶ崎駅は、駅舎、ホームの上家ともに倒壊していた。記者が入った「寒川行き」と書かれた古い客車内には、一〇名の同宿者がいた。現在のJR相模線の前身、相模鉄道の車両だろう。

もう持参した握り飯は尽きてしまって、客車内ではビスケットを頬張って、できるだけたくさん水を飲んでおいた。灯りがないので、お互いの顔ははっきりとは分からないが、大きな声で、各自の遭難話をしはじめた。話題は次第にいろいろな方面へと分かれていって、罪もない自慢話か、せち辛い金儲け話に移った。

一人が寝て、二人寝て室内が静まりかえってきた時、サッと一筋の灯りが差し込んで、「中に誰か入っているか」と怒鳴る者があった。「ハイ避難民が…」と吃驚して言う。「何人だ」「十人くらいで…」。すると、夜警番らしい黒い影は、黙って向こうへ行ってしまった。三十分も過ぎたと思う頃、またもやコツコツと叩く者がある。「開けてくれ」。「ハアー」、戦々恐々としながらドアを開けると、「芋を持ってきたから食いなさい」と先ほどとは打ってかわった調子で、蒸し芋を入れたバケツを置いていってくれた。

一同はこの物音に目覚めたけれど、真っ暗でどうにもしかたがないので、「明日の朝食べよう」と、皆横になった。小さい地震が時折起き、客車のガラス窓をビリビリと揺らす。全部の窓を閉めると暑く、少しでも開けると蚊の大軍が猛烈な勢いで襲来してくる。とやかくしているうちに、ぐっすりと眠りこんだ。

汗ばんだ顔に冷やりとした風が当たり、のっこりと起き上がった。太陽が今出たばかりであるが、車内にはもう誰もいない。傍らに昨夜のバケツがある。そして自分に割り当てられたらしい蒸し芋が、三本その中に残してあった。ひもじい中残しておいてくれた同宿者に記者は感謝しつつ、そのさつま芋で早速朝食をすませた。

重い足を引きずって東海道筋に出ると、そこはやはり倒壊家屋の行列だった。馬入川の堤防に着いて見渡すと、鉄道の鉄橋はといえば、もののみごとに墜落していた。傍らに渡し船の渡船場があり、船はひっきりなしに往来している。両岸は一刻も早く渡りたいという人で物凄いほど黒山の人だかりである。だが実際の乗下船には、順序が尊ばれてさほどの混雑もなかった。

渡った先では、乗合自動車が待っていた。大磯まで乗合自動車で行き、その先は松田駅まで歩いた。全壊した松田停車場前の広場には、多くの人が犬のように寝転んでいた。夕食の代わりにビスケットとスイトンを食べて、倒壊した貨物置き場の中へもぐり込んで寝た。

翌日、朝九時頃山北駅に着いた。ここからは本格的な山間を行くこととなる。蠟燭(ろうそく)の火を頼りに、鉄道のトンネルを二つ三つ潜る。箱根第三号隧道の手前まで来ると、線路に細い縄が引っ張ってあり、「これから先　行かれません」とボール紙に書いてある。付近一帯の線路は山崩れで埋まっている。どうしたものかと数分間佇立していると、鉄道省の制服を着た人が、迂回して隣の駅へと続く山道を先頭になって案内してくれた。居合わせた五、六人がそれに続いた。この山道は一五キロほどの荷物を背負った身としては、まったく苦しい。ぬかるんで滑ったり転んだり這いずったりしながら登るが、なかなか下り坂にならない。案内人がいなかったら山道で迷ったと思う。周囲では絶えずガラガラと山の崩れる音がしている。ようやく谷峨信号場の近く、線路のある所まで降りてきた。

昼過ぎに御殿場に着いた。御殿場は、二、三の建物の倒壊はあるものの、これまで歩いてきた地と比べれば、平和な別天地のように感じる。ここからは汽車が通じている。御殿場駅は大混雑したが、どことなく落ち着きのある混雑だった。

午後二時二十分、汽車が御殿場を発車した。沼津駅に着くと、西に向かう避難民で、プラットホーム一杯の人が押し合いへし合いしていた。ともかくも乗降が終わると、汽車はまた静かに動き出した。すると青年団や在郷軍人や、男女の学生からなる救護員は、プラットホームに並んで、口々に「お大事に」とか、「御機嫌よう」とか声高に呼び合って、帽子を振りハンカチを振る。車中の不幸な避難民は、皆半身を乗り出して、「有難う有難う」と頭を下げた。ここからは少し長くそのまま記事を引用する。

「来る駅も来る駅も、みんな、赤いタスキや白いタスキの救護団が、プラットホームに立って居て、避難民に弁当を呉れる、お茶を呉れる、菓子を呉れる、氷を呉れる、梨を呉れる、手拭を呉れる、塵紙を呉れる、葉書を呉れる。そして汽車が愈々発車しかけると、『お身体を大切に…』『お大事にいらっしゃい』と声を掛ける。それは如何なる人も涙ぐまずには居れないところの、美しい状景である。

斯くて、至れり尽くせりの同情に依って、身の不幸を忘れて仕舞ったもののように、避難民は一人として不安の色を見せて居るものはなく、『何処でも何処でも勿体ない程親切にして貰って…』と泣き乍ら感謝する老婦人さえもあった。子供は勿論平気である。平気な子供を持った親達も案外に平気である」

そして記者はこう感じた。

「恵れつつある不幸者、夫れがこの列車に満載されて西下するのである」

記者の乗った列車は午後十時三十分、御殿場から約八時間かけて名古屋に着いた。記者は名古屋が故郷で、ここで旅装を解いている。


もう一つ、列車内の様子を書いた『アサヒグラフ　大震災全記』の記事も要約しながら引用してみたい。

列車内の汚さ、混雑はまったく言葉では言い表せない。汗と埃にまみれた甘酸っぱい吐き気を催すようないきれの中で、貰った握り飯をうまそうに食っているものもいる。汚い話だが、女子どもの小便などは座ったままで垂れ流しである。

こうした光景は多くの手記でも書かれている。現代の我々は列車の混雑ぶりなど、写真を見て分かったような気になりがちだが、写真では臭気までは直接伝わってこない。当時の状況はやはり想像を絶するものだっただろう。記事は続ける。

「しかしボンベイ最後の日のような暗黒昏迷の間にも、尚人々には美しい謙譲があった。恐らくこんなのこそ、人間の本当の心に根ざしている人類愛というのだろう」として、東京へ行く列車と東京から去る列車と、汽車が駅ですれ違うごとに、行く方の列車から去る方の避難民列車へ、ビスケットやパンやいろいろの食料品が放り投げられる。避難民は皆、手を合わせながら、むさぼるように食べる。一人の避難民が煙草をくれと叫んだ。行く方の列車から火をつけた巻煙草が投げられると彼は一息吸ったきりで、隣の男に吸わせる。また一服、次から次へと一本の煙草が車室全体に口々に行き渡った。ある男が「おーい、向こうの子どもにこの菓子を渡してくれ」と一握りの菓子を渡す。すると一糸乱れず、ひもじい腹を抱えた連中が、手から手へと順送りにその子どものほうへ渡した。「それを見ていた人達は、皆涙を流して、〝日本未だ亡びず〟の感に打たれたということである」とこの記事は締めくくられる。

こうして見てくると、組織だってはいないものの、阪神淡路大震災や東日本大震災の時のような、無償の救護活動、ボランティア活動が、いたる所で行われていたことが分かる。

3——救援に駆けつけた関釜連絡船

本州最西端の下関と朝鮮半島とを結ぶ関釜連絡船。震災発生後、この航路に就航していた「高麗丸」（三〇二九総トン）と「景福丸」（三六二〇総トン）とが、急遽、救援船として東京へ向かっている。関釜連絡船を管轄する鉄道省門司鉄道局の機敏な行動は、後に新聞で大きく称賛された。その経緯は次のようだった。

大地震翌日の九月二日、ちょうど高麗丸が下関港に入っていた。まだ、東京の状況がよく摑めていないその日の朝、門司鉄道局船舶課に、神戸鉄道局運輸課長から電話が入った。

「水害のため、東海道本線が不通である。下関にある連絡船を東京方面に臨時運航させてはどうか」

地震の被害ではなく、水害とされていることが、情報の混乱を表わしているようだ。河川の鉄橋が落ちたという情報を、神戸鉄道局では何かの水害と判断したのだろうか。

門司鉄道局は次のように返答した。

「被害が東海道本線ということは、名古屋鉄道局、東京鉄道局の管内なので、名古屋鉄道局長もしくは東京鉄道局長の要請があれば、本省の承認を得て船を回航することにしたい」

関釜航路に就航している船は、いずれも三〇〇〇トンを超え、定員も一〇〇〇名近い。そんな大型船を突然東京へ運航させるには、少なくとも鉄道省上層部の許可が必要だ。門司鉄道局から神戸鉄道局への返答、すなわち被災地区の鉄道局長からの要請があり鉄道省の承認を得てから救援船を回す、というのはいたって常識的な判断だろう。

ここで、門司鉄道局船舶課長は、念のため高麗丸船員の上陸を禁止し船内に留まるように指令を発した。また、高麗丸が釜山から積んできた積荷を降ろし終わったら、下関から釜山への荷物は積み込まず、船の燃料の石炭と水、それに食料の手配をしておくことを命じる。この判断がすぐに生きてくる。乗組員が下関の町に三々五々と繰り出していたら、突然の再招集にどれだけの時間を要しただろうか。

しばらくして門司鉄道局に、神戸鉄道局運輸課長から、前回とは異なる緊迫した電話が入ってくる。

「東京は震災のため大混乱のようである。本省の建物は火災のため焼失し幹部も消息不明、連絡を取ることができない。救援隊と食料品を乗せ、できるだけ早く船を出してほしい。食料は時間に間に合う限りの積載量でよく、途中神戸へ寄港させれば、船が着くまでの間に、こちらで手配しておく」

門司鉄道局では、

「本省の許可がない。不確かな情報で船を出していいのか。すぐに協議して連絡する」

と返電。折り悪く当日、門司鉄道局長と庶務課長は、上京していて不在である。船舶課長は、運輸課長と協議して、運輸、運転、船舶、電気、経理、工作、工務の課長を招集し、課長会議を開いた。

ここで、鉄道省が持っていた鉄道連絡船の航路と船を見てみよう。北海道へ渡るため青森から函館に青函航路、岡山県宇野から四国の高松への宇高航路、山口県下関からすぐ対岸の九州の門司に関門航路、下関から朝鮮半島への関釜航路などに連絡船が就航している。また、この年の五月から北海道最北端の稚内から樺太の大泊へと、鉄道省により稚泊（ちはく）航路が新設された。前年、宗谷線が全通し、稚内（現南稚内）まで鉄路が延びてきたためだ。

このうち、宇高航路は神戸鉄道局の管轄、関門航路と関釜航路が門司鉄道局の管轄、青函航路と稚泊航路は札幌鉄道局の管轄だった。神戸鉄道局としては、自局の宇高航路の船を出したいところだが、瀬戸内海という内海に就航している船のため、旅客定員の割合に総トン数が小さく、救援物資をあまり積めない。瀬戸内海から横浜に向かうには、海が荒れる日も多い伊豆半島沖を通らねばならず、外海を就航している関釜航路の大型船が最適だという判断である。

門司鉄道局の課長会議では、関釜航路の大型船を救援船として派遣することが、素早く決定された。さらに、東海道本線の不通区間の代替交通手段として、静岡県の清水港と横浜を結ぶ臨時の航路を設け、この救援船をそれに当てる提案をすることも決められた。二日の昼頃には、以下の電報を門司鉄道局長名義で鉄道大臣宛てに発信している。

「高麗丸今日（二日）午後八時頃下関発　景福丸ハ明日（三日）午後下関発　何レモ清水ニ向ケ出帆　清水横浜間臨時運航ノ取計ヲナス　運賃寝台料食事等先例ニヨル右承認ヲ乞フ」

一隻だけでなく二隻を出すこととし、承認の返事が鉄道省からないまま、当日十八時二十分、まず高麗丸が、船体中央の一本煙突から黒煙をいっぱいに吹き揚げて、神戸へと出発した。電報に打った最初の時刻よりさらに出航時間を一時間四十分も早めている。九州の管理局の船が、本省の承認も得ず、いわば勝手に東京にやってきて、関東地方の臨時航路の提案までしてしまう。こうした行動は当時としても異例だったので、『国有鉄道震災誌』の中で、決断に至るまで、上記の電話でのやりとりなど、珍しく細かく記されている。

門司鉄道局での課長会議は、トップの局長不在の中、どんな緊迫した雰囲気で開かれたのだろうか。局長不在がかえって功を奏し、責任の所在があいまいな課長の連帯責任となったことが決定を早めたのか。または、俊英が揃っていて果敢な決断をなしたのか、門司鉄道局での課長会議が開かれた場所は、同局の本庁舎だっただろう。この本庁舎とは、現在、門司港駅に隣接して立つ九州鉄道記念館の本館で、明治二十四（一八九一）年に竣工、風格ある赤煉瓦の建物である。

俊敏な決断までの経緯は分からないが、今日、九州鉄道記念館本館を訪れた際、この建物の中のどこかの部屋で、この緊迫した会議が行われた光景を想像すると歴史の一場面にタイムスリップしたような感もして、しだいに興奮してくる。

高麗丸は、救援隊七〇名、米穀一五〇俵を載せて下関を発ち、三日の十七時二十分神戸港に着いた。神戸では救援方法の打ち合わせや、さらなる救援物資の積み込みを行った。そして四日に神戸を発ち清水港へ向かった。

一方、景福丸の方は、震災当日はドックに入渠し整備中だったため、まず仮整備を行い、四日の十四時に、神戸港へと出港した。こちらのほうは、救護団員三二五名を乗せ、白米、味噌、醤油、砂糖、塩、漬物、梅干し等の食料一〇〇トン、医療用具、工事材料十トンを積載。二日に電報を打った予定日時より出航を遅らせて、支援物資や人員の調達を手厚くしたようだ。到着した神戸港では、石炭と水の補給のほか、第十六師団の衛生隊二五〇名も乗船させた。

神戸鉄道局の対応も機敏だった。偵察隊として九月二日のうちに、運輸課旅客掛長を、ちょうど横浜港へ向かうこととなっていた山城丸という船に、急遽便乗させた。この機敏な行動が後に大きな効果を上げる。山城丸は三日横浜港外に投錨し、四日午前五時、辺りが明るくなるとともに港の中へゆっくりと入った。目の前には、火災と激震とで壊滅した横浜の町が広がっていた。艀船も不足しているせいかしばらく上陸もできなかった。

高麗丸は、途中清水港で、東京の家族や知り合いの安否を気づかう人たちを乗せることになっている。もしこの状況で、高麗丸がそうした人たちを乗せて横浜にやってきても、上陸すらままならず、そのまま引き返さなければならなかったかもしれない。たとえ上陸できても、横浜での難民の数を増やすだけで、さらなる混乱を招く。偵察隊として横浜へやってきた運輸課旅客掛長は、京浜間の交通も途絶していることを確かめると、山城丸から高麗丸宛てに以下のような無線電信を打った。

「横浜市内秩序乱レ京浜間連絡の便ナシ　清水港デノ旅客搭載を止メ　神戸カラ横浜ニ直行セヨ」

電信を打ったのは、おそらく高麗丸がすでに神戸を発って、清水港に向かっている時間である。もし、神戸鉄道局の偵察隊の出発が遅れていたら、高麗丸は清水港に立ち寄ってしまっただろう。

電信をキャッチした高麗丸は清水沖を通過して三浦半島沖までやってきた。ここから先、夜間東京湾に入る船の唯一の手がかりである観音崎灯台の灯は消えていた。東京湾内では、海軍の命令により無線通信も禁止されている。湾内の海底の隆起も疑われ、そうした中、湾内をゆっくりと進み、五日朝、横浜港に到着した。しかし横浜での荷揚げは不可能な状態のため東京へと向かい、十四時頃、品川沖に停泊した。

それぞれの管理局ごとに、課長や係長クラスの決断でものごとがどんどん進められているのが分かる。官僚体質とは異なるこうした点は、後の世からみれば異彩に感じるかもしれない。ただ、鉄道が国有化された明治四十一年、初代鉄道院総裁となった後藤新平は、職員の悪しき官僚化を防ぐため「事務の即決敢行のための課長中心主義」と、「中央の鉄道省に頼らない地方管理局中心の現場即決主義」を提唱している。後藤新平の薫陶が、事実上全国の鉄道局の各部署まで行きわたっていた例といえるのではないか。

東京の鉄道省ではどうしていたか。二日の昼に門司鉄道局で打った電報、すなわち関釜航路の船を東京方面に向かわせた旨の電報は、三日の午後になって鉄道省に到着した。鉄道省運輸局船舶課では、直ちに準備に着手する。この段階では、馬入川鉄橋が落ち、山北～谷峨間のトンネルも土砂で埋まって、東海道本線の復旧に長い日数がかかるのは把握している。たとえ関釜航路に欠航する便が生じても、東京～大阪間の大動脈である東海道の交通手段を確保することが最優先なのは、異論をはさむ余地はない。関釜航路の二隻の船を、門司鉄道局の提案どおり、東京～静岡間に臨時就航させることに、省議はすぐ決まった。

静岡側の寄港地、すなわち線路がほとんど無事な沼津より西の港をどこにするかは、清水港とすぐに決まった。三保の松原が港を抱くように延びている天然の良港で、三〇〇〇トン級の船が出入港するのに何の問題もない。清水港から東海道本線江尻駅（現清水駅）までも、一キロほどしか離れておらず、この程度なら徒歩連絡も可能だ。問題は東京側の港をどこにするかである。本来なら横浜港がそれに適しているのだが、横浜は、市内が壊滅状態で、岸壁や桟橋も全壊してしまった。横浜港内には、焼けた船も港内に沈んでいる。

九月四日の午後より鉄道省船舶課が調査に当たると、東京の芝浦は、岸壁から沖合約一八〇〇メートルにわたって、五〇〇〇トン級の船舶が入港できるように浚渫工事中であり、それが完成するまでは、二〇〇〇〜三〇〇〇トンの船が満潮時を見計らって、深さが十分にある唯一の水路に沿って進めば入港できそうなことが分かった。景福丸は三六二〇トンあるが、三〇二九トンの高麗丸より全長、全幅とも長く吃水線が浅い。景福丸だけでも芝浦港に接岸できれば作業が非常に楽になるため、芝浦港の水先人に交渉してみると、途中一ヵ所浅い所はあるが、満潮時ならば大丈夫かもしれない、という。芝浦港は規模が小さいため、公認の水先案内人はおらず、少し頼りないが、ともかくこの水先案内人が入港を快諾してくれたので、景福丸が品川沖に到着した翌七日に、芝浦港への接岸を試みた。

すると案の定というか、最も浅くて懸念された地点で、座礁して動けなくなってしまった。幸いにその地点の海底は泥土で柔らかく船体には何の異常もなかったので、次の満潮時に無事離底することができた。結局芝浦港には接岸できず、船を品川沖に停泊させ、そこから八キロ先の芝浦港まで人や荷を艀船によって運ぶことに決まった。乗客は乗り換えの手間がかかるのはもちろんだが、荷揚げについては、二倍以上の手間がかかる。この時点では、関釜航路の船の巨大さが、うらめしく思えることとなった。

とくに問題になったのは、艀船が決定的に不足していることだった。震災で多くの艀船が焼失した。加えて、全国から救援船がやってきたので、品川沖はそれこそ船がひしめいており、それら各船共、艀船を必要としていたためだ。

鉄道省の船舶課長は、運送業者を個別訪問して歩きまわり、どうにか三〇〇人乗りの達磨船三隻と、曳船などとして小型蒸気船数隻を調達してきた。荒川回漕店から傭船した小型蒸気船金宝丸（約二〇トン）などは、足もとを見て一日一三〇円という、異常に高額な料金をふっかけてきた。背に腹はかえられず契約することとした。鉄道省としてはよほど憤慨したようで、『国有鉄道震災誌』には、数ある借り上げ会社のうち、この荒川回漕店のみ具体的な社名と船名が記されている。ちなみにこの時期、たとえば、東京駅連結手など現場で働く者の平均月収は約四十五円である（鉄道省経理局『鉄道統計累年表』より）。

そして九月五日、高麗丸は白米一〇〇〇俵、味噌漬物二一個、塩二俵、醬油七樽、茶及び砂糖七個を陸揚げ、九月七、八日に景福丸は米一四三三俵、漬物醬油六二樽、味噌醬油漬物九八箱、塩四〇俵、砂糖四〇箱、ビスケット一〇箱、福神漬牛缶二九箱などを陸揚げした。

いわば前線基地である芝浦でのやりとりは、本省での承認が必要なことも多かったのだが、鉄道省と芝浦の間でのホットライン、電信電話線はつながっていなかった。

鉄道省と品川駅とは不完全ながら通信が行えたので、鉄道省からまず品川駅ホームにある電話機へ電話し、品川駅ホームから芝浦へは、徒歩の伝令隊により行った。徒歩では一時間弱かかる距離である。鉄道省〜芝浦間の電話は九月六日になって開通する。

この後両船は、九月六日より品川〜清水港間（二三五キロ）の臨時航路に就航した。

下り時刻　品川発十七時　清水着翌六時

上り時刻　清水発十八時　品川着翌六時

下り運賃　罹災者は無料。田町駅で乗船証を発行し、それを持っていれば、清水より鉄道で西へ行く者は、最終目的地まで無料

上り運賃　東京に家族がいる者、公務を帯びている者のみ乗船可能。運賃は通常時と同じ

鉄道省の船の運航を知ると、夥しい数の避難民が芝浦に殺到した。前日や前々日から芝浦港付近で野宿して順番を待ち、やっと乗船できるという状況である。そのため旅客定員は、通常時の定員の約二・五倍にあたる高麗丸一五〇〇人、景福丸二五〇〇人とした。一、二等船室もすべて三等扱いとし、船内の食堂、喫煙室、談話室などはもとより、甲板、通路など雨露がしのげる所すべてに乗客を詰め込んだ。今度は、関釜航路の船の巨大さをもってしても足りない状況である。船内の混雑は凄まじいもの

で、トイレまで歩いて行くのもままならない状態だったという。景福丸などは、前年の五月、日本を訪れていた英国王室のエドワード王太子を、神戸から安芸の宮島まで乗せるというお召し船の栄誉を担ったのだが、今やその晴れ姿は見る影もない。

同時期、日本郵船や大阪商船などの民間会社の船のほか、海軍でも軍艦により避難者の輸送を行っていた。そのため、一部の避難民などから、次のような非難の声があがった。

「海軍の船に乗った避難民は、船内で食事が出る。鉄道の駅でも上陸地の駅や、主だった駅で食事がもらえる。鉄道省の船だけは、なぜ食事も出ないのか。それに鉄道省の船では、人を荷物のようにぎゅうぎゅう詰めに押し込んでいる」

下関運輸事務所船舶主任が調べてみると、海軍の船では、一日二回だけ握り飯を支給し、その他にシービスケットと牛肉缶詰を補充食として出していた。そのため、鉄道省の船でも、九月十二日、品川から乗船した避難民へは、一回だけ一食十銭程度の握り飯を出す決定がなされた。この決定はすぐに実行されたようだが、二〇〇〇人以上の乗客に対し、こうした食事を支給することは、船内の混乱にさらに拍車をかけることとなってしまった。九月十六日からは、支給の食事は、パン及び梨一個に変更された。

清水港でも混乱は起きていた。東京へ物資を送るための多くの船が、同港を寄港地として利用したため、混雑がひどく接岸できない。そのため一・四キロほど沖合に停泊し、艀船を利用しての乗船下船となってしまった。

九月二十二日、避難者の数がだいぶ減少し、一般旅行者が増えてきたので、有料輸送に切り替えた。定員もそれまでの四割程度にまで減らし、殺人的混雑を緩和させた。

旅客運賃　一等八円、二等五円二〇銭、三等二円五〇銭

高麗丸　旅客定員　一等四三人、二等一九二人、三等四四〇人

景福丸　旅客定員　一等四五人、二等二一〇人、三等六九〇人

運賃は品川〜江尻間の鉄道運賃とほぼ同額である。ただし、罹災証明書を持つ者は、九月三十日まで無賃乗船扱いを継続している。

事態は少しずつ収束に向かってきた。九月十五日には、東京湾ぞいの大井町に、鉄道省直営の臨時無線通信所の設置が完了し、被災地区でも連絡船相互間、連絡船と同通信所間で無線通信ができるようになった。東京湾内は、多くの船でまだ混乱状態だったので、この効用は大きかった。この時点での湾内の状況例を二、三挙げてみると――。門司鉄道局から第三番目の船としてやってきた貨物船多喜丸は、九月十日に品川沖に到着したものの、艀船と人夫の不足のため、荷物の陸揚げができずに停泊を

続けた。九月二十一日になって、陸軍の特別な協力のもと、やっと荷物が陸揚げされるという状況だった。

また、湾内の航路標識は、九月中旬になり仮設復旧したものの、ときどきその灯りが消えてしまう。航行に当たっては邪魔者でしかない幕末期の湾上の砦である第二台場、第三台場の灯火も、当初は消えていた。湾内の風が強く艀船の運航が不可能な日も二、三回あった。湾内での航行は、まさに寸時の油断もできないといった事態が続いた。

九月二十八日、船の発着地が、東京の芝浦から横浜港へと移る。横浜港の旧桟橋の一部が仮復旧して使用できるようになったためだ。これにより、艀船は必要なくなった。

十月二十八日、一部単線運転ながら東海道本線が全通し、同日をもって連絡航路は終了となった。高麗丸は十月三十一日横浜港を、景福丸は同日清水港を出帆し、下関への帰途についた。下関からの援軍スタッフも、気が張り詰めていたせいか、疲労はしているものの病気や怪我もなく、使命を勤め上げた。九月六日臨時航路に就航以来、航海回数七十八回、旅客総数三万九一九五人、手小荷物扱い六万一二五八個、貨物一八一五トンを運んだ。鉄道省の報告書「船車連絡輸送」では、関係者をねぎらい、報告の最終ページを以下のように結んでいる。

「作業は前後約二カ月にわたり、作業上にも不備不便の点が多かったにも拘わらず、旅客貨物に関する事故の如き一件もなかったのは幸いであった。又一面関釜連絡航路に於いては、景福丸助勤のため連絡船が二船運航となった影響を受けて、（下関での）従事員の勤務が過長となり、殆ど不眠不休の状態を継続しなければならない有様であった」。とくに下関では、帰国する朝鮮人でごった返していた時期である。応援部隊を送り出して人員減の中、当地で業務につく鉄道員・船員の苦労も並大抵ではなかった。関東大震災では、全国の鉄道現場から被災地へ応援部隊が出ている。応援に駆り出された者と、常より多忙となった職場に残って働く者と、共に苦労を分かち合ったともいえるだろう。そうした意味で、関東大震災での応援、復旧作業は、まさに全国の鉄道員総力を挙げてのものだった。

4――復旧への道のり

被災路線の復旧作業にあたり、鉄道省では、陸軍の鉄道連隊からの応援も得ている。

鉄道連隊は戦地などでの鉄道の敷設、修理、運行、破壊を任務とする。全国に二個連隊しかなく、第一連隊が千葉（都賀村）に、第二連隊が津田沼に駐屯していた。いずれも千葉県内にあり、線路が大きな被害を受けた場所へは、比較的すぐに行けた。日頃から鉄道省職員の指導を受けながら、近くの総武本線で運転実習を行っていた。震災発生直後では、総武本線が亀戸―稲毛間の途中駅に給水設備を持たないため、津田沼にある鉄道第二連隊の給水給炭設備が役に立った。

また九月一日夕方から三日までの間は、鉄道連隊の運転教育修了者と教育訓練中の優秀者により、総武本線の亀戸～稲毛間の避難民輸送を行っている。機関車の運転にあたり経験と技術が不足していたと思うが、ふだん実習を行っていた区間だったことが幸いしただろう。夜を徹しての二十四時間輸送で、国鉄の車両を使って計三十四往復、五万人を運んだ。九月二日、国鉄の両国運輸事務所長が津田沼に来て、鉄道連隊から運転を引き継ごうとしたが、鉄道連隊の報告書によれば、「国鉄の機関手も疲労の極みに達し、或いは（国鉄職員が）家族を憂慮して、不安に駆られほとんどその用を為さず」（鉄道第二連隊の「震災関係業務詳報」『国有鉄道震災誌』所収）といった状態だったため、三日まで鉄道連隊が独力で同区間の運行を続行させた。家族と離れて兵舎生活を送っている軍隊は、有事にはやはり強い。国鉄職員はほとんど使い物にならないずとまで書かれているが、国鉄の公式資料の同書でも、軍隊からの報告は、そのまま掲載せざるをえなかったようだ。第二連隊は四日以降、鉄道省の計画に従って、特別応援部隊として各被災路線の修理に向かっていった。

復旧工事にあたって、全国の鉄道局と鉄道連隊からの応援の状況を見るために、東海道本線の例を挙げてみよう。

〈分担区間〉	〈特別応援隊〉
東京〜田町間	東京第一改良事務所、鉄道第一連隊
川崎〜横浜間	鉄道第二連隊
横浜〜大船間	鉄道第一連隊
大船〜茅ヶ崎間	東京建設事務所
茅ヶ崎〜平塚間	東京建設事務所、水戸保線事務所
平塚〜二宮間	水戸保線事務所
二宮〜国府津間	宇都宮保線事務所
国府津〜下曽我間	門司鉄道局
下曽我〜山北間	神戸鉄道局
山北〜御殿場間	名古屋鉄道局

他の被災路線まで含めてみると、北は仙台保線事務所（日暮里〜取手間など）から南は九州の門司鉄道局までが、復旧工事へやってきている（『東京震災録』より）。また各区間を細かく見ると、たとえば門司鉄道局の電気系統部隊五十七名は東京〜品川間へ派遣されるなど、一つの分担区間でも、右記以外の複数の鉄道局が関わっている例もある。門司鉄道局の例では、工作課長を団長とし、庶務系、工務系、電気系、工作系、運転系、炭水夫、経理系、船舶系、鉄道病院の計三八五名が応援に来ている。

復旧工事施工開始に当たっては、労働者の募集が各所で行われた。ただし工事現場周辺は皆、震災で多大な被害を受けており、各自の応急処置で精いっぱいのため、現場付近で労働者を集めるのは、ほとんど不可能だった。馬入川鉄橋の崩壊をはじめ被害の大きかった大船〜平塚間の東京建設事務所の例を見ると、まず長岡、盛岡、秋田、米子の各建設事務所に応援を求め、上越南線の直轄工事に従事していた者一〇〇人を回してもらう。さらに水郡線工事を請け負っていた鉄道工業に労働者一五〇人、茅ヶ崎付近の業者の藤代組に六〇人を集めさせ、ほかにも東京近在各方面に募集をかけ、熱海線で建設に従事していた有馬組のほか大丸組などからの労働者も加えて、募集開始十日後の九月十三日、計画どおりの一三〇〇人を集めることができている。

またこの大船〜平塚間では、鉄道第一連隊も鉄道省からの要請を受け、馬入川の鉄橋工事で活躍した。上り線の折れた橋脚が、復旧の際使用する下り線の橋脚の基礎に乗り上げ、工事の支障となっていた。これを取り除くために鉄道連隊の爆破隊によりダイナマイトで破壊している。東海道本線の被災地のほぼ全体、東京〜御殿場間で、最盛時一日一万人以上が復旧工事に従事した。震災直後で失業している者も多く、雇用の創出にもなっている。

東海道本線では、馬入川鉄橋が落ちた茅ヶ崎〜平塚間、トンネルの崩壊などが多数あった山北〜谷峨信号場間を除いて、九月二十一日、仮復旧が完了した。復旧していない二区間は、途中に設けられた仮乗降場間を乗客は歩いた。この区間の経過を記してみよう。

茅ヶ崎〜平塚間では九月十二日、まず茅ヶ崎駅から二キロほど平塚寄りに、鳥井戸川仮乗降場が設置された。乗客はここで列車から降ろされ、馬入川に仮設された橋を渡って、平塚駅まで約一時間の道のりを歩いた。仮橋は急造のもので、長さ約二七〇メートル、幅は人と人とがやっとすれ違える六尺（約一・八メートル）しかなかった。翌十三日は午後に豪雨となり、馬入川が増水し橋を渡るのが危険なため、国鉄と軍隊が協力して砂利船八隻を傭い、渡し船を運行した。十四日は暴風雨となり、仮橋はすべて流失してしまった。十五日は川には濁流が流れ危険なため渡し船も運行を停止、東海道を行く乗客は、まるで江戸時代の大井川のように、川岸付近の小屋で川の水が引くのを待つこととなった。十四日の記録では、列車は品川〜横浜間に十一往復、横浜〜大船間に七往復、大船〜鳥井戸川仮乗降場間に八往復、平塚〜国府津間に七往復が運転されている。この時の増水では、線路用鉄橋の工事自体でも、倒壊していた橋桁が流されたり、復旧工事材料の一部が流失するなどした。

翌十六日、馬入川の増水がやや治まったので、午前十時から渡し船の運行を再開。また平塚駅から馬入川方面へ約一キロの地に馬入川西岸仮停車場が完成し、平塚駅発着の列車をこの仮駅まで延長運転し、徒歩区間が短くなるようにした。人道用の仮橋の復旧も急務だったので、増水が続いていた十五日に杭打ちに着手、六〇ポンド（約二七キロ）レールを橋桁とし、より堅固な構造として十七日正午に落成させた。このレールは同区間を担当する国鉄の東京建設事務所が応急に呼び寄せた、上越南線沼田派出所チームが持ってきたものだった。九月二十八日、鳥井戸川仮乗降場からさらに馬入川方面へ一キロほど進んだ所に馬入川東岸仮乗降場を設置し、こちらでも徒歩連絡区間を短くした。

十月二十日、単線ながら東海道本線馬入川鉄橋が完成し、試運転を行ったところ結果は良好で、翌二十一日に正式開通となった。この間にも馬入川では大増水が二回起き、九月二十五日には堅固に作ったはずの人道用仮橋が再び流失、十月十一日には、旧橋桁撤去用に十日間以上かけて作った足場が流失するなど、大増水との戦いでもあった。

一方山間部の被災箇所である山北〜谷峨信号場間では、九月二十一日、箱根第三号隧道の山北側に、第三酒匂川仮乗降場を設置し、東京方面からの列車を山北から約三キロ西のこの乗降場まで運行させた。第三酒匂川仮乗降場には、一日上下各六本ほどの列車が発着している。ここから谷峨信号場まで、乗客は山道を歩いた。線路での距離は一二〇〇メートルほどだったが、線路に沿った酒匂川は切り立った崖となり川沿いには歩けないので、山道を登り降りしての歩行だった。ここでは乗客の荷物運びの仕事が大繁盛した。背負い子(しょいこ)で荷物を一度に二個も三個も担げば、荷役人足としてはとてもいい稼ぎとなる。そのため客を奪い合う喧嘩が多発し、地元の谷峨集落の腕章を付けた者だけに運搬を認めることになったという。

十月十日には暴風雨に襲われ、山北〜第三酒匂川仮乗降場間の列車運行を取り止め、徒歩連絡も中止させるなど、ここでも天候に悩まされた。十月二十八日、寸断されたトンネル区間が単線開通し、これで東京〜沼津間の全通となった。ただしまだ徐行を要する区間もあり、列車本数も少ない運行だった。

第三酒匂川仮乗降場から谷峨信号場まで、徒歩連絡区間を行く乗客。土砂で埋まった箱根第3隧道と同第4隧道の間付近

十月二十八日の全通の日、東京駅発の特急、急行列車の一部が復活した。それまで旅行を見合わせていた人たちが、大勢東京駅へとやってきた。当日は早朝から一・二等の待合室はもとより、広い三等待合室も旅客でぎっしり満員となった。東京日日新聞の二十八日の夕刊によれば、

「朝六時頃には（下関行き）三等特急目当てのお客さんが東京駅の出札につめかけ先を争う様は物凄い。五六〇の定員中大部分は前日に約定済みで、残るは僅かに一九二席である。そんな事に頓着せぬ連中は、出札係をいじめぬいて乗車しようとし、警手がかけつけるやらお巡りさんが整理するやら、大変な騒ぎの揚げ句、七時十五分、同列車はすし詰めのお客さんを乗せて出発し

た」

地震前この列車は八時四十五分発だった。徐行区間を過ぎ沼津から先を通常ダイヤで運行するため、出発時刻を一時間三十分早めての出発である。その後の一・二等特急（急行）も三等特急にも増しての混雑となった。こちらも以前より一時間五十分早く出発している。前日までは静岡の始発終着で下関までを急行一列車として運行していた。十月二十八日以降もしばらくは特急ではなく急行扱いだったという記録もある。

この特急一列車は、久邇邦久侯爵が兄の朝融王に見送られ桃山に向かうなど、名士の乗車も大分見受けられた。「岡野敬次郎文部大臣が悠々とやってくると切符は売り切れとのことで、居合わせた吉田駅長に拝みやっとの事で展望車の隅に割り込んだなどの悲喜劇もある」（同前）とも報道されている。東京駅はまるで蘇生したような景気で、降車口に控えた二〇〇台余りの車夫たちも、これでやっと一息つけると安堵していたという。

次に東京付近の電車線区間の復旧を見てみよう。東京～品川間では、九月十八日、まず汽車線（東海道本線）の線路の方が、京浜電車や山手線が走る電車線より先に復旧した。その後電車線の線路も復旧したが、架線や変電所など電気設備が未復旧なので、九月二十四日の記録では、東京～蒲田間の電車線に、蒸気機関車牽引による列車を二十八往復運行させている。大井町変電所の復旧により十月一日、東京～横浜間で電車の運行が復活する。朝五時三十分から夜九時三十分まで、十二分間隔の運転だった。

中央線の電車区間でも九月二十四日に東京～万世橋間が復旧した際は、蒸気機関車による運行だった。東京駅近くの永楽町(えいらくちょう)変電所が崩壊焼失したためで、神田駅付近に小規模の変電所を急遽設置し、日立電気から一〇〇〇キロワットの電力を買って、十月七日から東京～飯田町間の中央線の電車運行が再開された。

比較的線路被害が少なかった山手線でも、復旧当初は蒸気機関車列車だった。九月十六日、電車による運行が再開された後も山手線はしばらく「の」の字運転ができず、品川～新宿～鶯谷（後に上野）間での折り返し運転を余儀なくされた。永楽町変電所が未復旧で、そこから送電していた四ツ谷～東京～田町間の電力が足りなくなったためである。そのため大井町変電所から一二〇〇ボルトの電力を田町～東京間に送った。当時京浜線の電車は六〇〇ボルト／一二〇〇ボルト両対応車両、山手線・中央線の電車が六〇〇ボルト車両だった。このため、山手線の車両は品川（田町）～東京間を走れなかった。

震災前は、ラッシュ時に山手線が六分おき、京浜線も六分おきに走り、品川〜東京間は両線の電車が乗り入れ三分おきの運行だった。それが震災後数カ月間は、山手線（品川〜新宿〜上野間）が六分または十二分おきの運行。京浜線電車は、厳しい電力事情の中、東京〜品川間の運行を充実させるため、品川を境に品川〜東京間を四分おき、品川以西を六分おきとし、それぞれ折り返しの運転を行った。これにより何が起きたかというと、品川駅の超大混雑である。山手線、京浜線ともすべての乗客が乗り換えなければならないためだ。『鉄道時報』（大正十二年十二月八日号）によれば、「品川の混雑は今や親不知子不知（おやしらずこしらず）の別名を頂戴してしまった。そう非難されても無理もない。実に品川のラッシュアワーの混雑ときては、大の男でも身一つを持て余してしまう。原因は何か。電力である。どんなに歯ぎしりしてじれったがったとて、所詮（京浜線と山手線のボルト数が異なるのだから）永楽町変電所の復旧を待たなければならぬ」

親不知子不知とは、北陸にある断崖絶壁の海岸の名称で、その名の由来は「親は子を省みられない子は親を省みられない」、または「子供がさらわれたり見失ったりする場所」とされる。品川駅で親が子供とつないでいる手を離したら、すぐ子を見失ってしまうというほどの大混雑だったのだろう。

震災発生から二カ月たった十月末の時点で、未開通の国鉄路線は、房総半島南部の北条線と、小田原以西の熱海線、それに京浜電車の横浜〜桜木町間だけとなった。国鉄は二カ月間で、大方の体制を取り戻したといえるだろう。東海道本線が震災前の状態に戻ったのは、馬入川橋梁で複線運転を開始した大正十三年八月十五日だった。最後に残ったのは、熱海線根府川駅付近の白糸川橋梁部分である。大正十三年七月一日、根府川駅が復旧し、小田原からの列車が根府川までやってきた。同年十月一日、真鶴駅が復旧し、それと共に白糸川仮乗降場が設置され、同仮乗降場から真鶴駅までは旅客列車四往復、貨物列車一往復が運行された。根府川駅と、白糸川を挟んで南方約三〇〇メートルの白糸川仮乗降場までのみが徒歩連絡となった。大正十四年三月十二日、白糸川橋梁が完成し、熱海線が全通、震災被害路線すべての復旧となった。熱海線は同年三月二十五日、熱海まで延長開業している。

5——郊外電車の時代へ

震災後数カ月の間は、まず復旧した山手・中央・京浜のいわゆる省線電車が大混雑となった。『鉄道時報』（大正十二年十二月八日号）によれば、省線電車三線合計の乗客数は、震災前の大正十一年十一月上旬の乗車降車人員が、一日平均八一万四七二五人だったのが、震災後の大正十二年十一月上旬では、一二七万六二二一人へと約一・五倍に激増している。その増加の理由として、同記事では、まず第一に市電の路線が完全に復旧しておらず、走り始めたところでも運行本数が少ないので、省線電車へと乗客が移行したためとする。さらに、

「火に追われて山手や近郊へ逃げ散った大量の東京市民は、寝泊まりする巣こそ移動したが、さて勤め先は、バラック街の復活と共にやはり盛り場である。その人々が往復に省線を利用するようになった」と指摘し、省線電車混雑の二つ目の理由は、移り住んだ郊外から都心へと通勤する人たちの大量出現だと指摘する。

同記事では、新宿より西の中央線の駅の乗降客の増加が著しいとし、中央線の高円寺と阿佐ヶ谷にいたっては、前年同月比で五倍に達したと述べている。これらの駅は共に現在の東京都杉並区にあり、当時は典型的な東京郊外の地だった。また、私鉄のターミナルともなっている山手線の渋谷では、同じく震災前大正十一年十一月上旬の乗車降車人員が一日平均二万八三五一人だったのに対し、同十二年十一月上旬では六万八四五〇人にも達したという。目黒でも同じく前年一万二六一八人が四万一〇五四

人へと、激増した数字を挙げている。目黒はちょうどこの一年の間に目黒蒲田電鉄（現東急目黒線）が開通している。

この郊外への人口移動に対し、国鉄以上に重要な役割を果たしたのが私鉄である。郊外へと延びる私鉄の発達がそれを促し、また郊外の人口増加により私鉄が路線を延ばしていくという関係が生まれた。当時の東京市は十五区からなり、震災後も、市内十五区の人口は二〇〇万人前後で、震災前とさほど変わらないのに対し、郊外部分は人口増加が甚だしい。たとえば、当時市外だった荏原郡、豊多摩郡、北豊島郡（いずれの郡も現在の二十三区内）の合計人口は、大正九年国勢調査では約九一万一七〇〇人だったのに対し大正十四年の同調査では一六六万七一三一人まで増えている。

郊外へ延びる東京の私鉄にとって、実は関東大震災の起きる前の大正時代半ばから、転機が訪れていた。大正時代前半までにすでに作られていた東京の主な私鉄、すなわち京浜電気鉄道（現京急）、玉川電気鉄道（旧玉電）、京王電気軌道（現京王線）、武蔵野鉄道（現西武池袋線）、東上鉄道（現東武東上線）、東武鉄道（現東武伊勢崎線）、京成電気軌道（現京成押上線、本線）と、その後に続々と開業する東京の私鉄とは一線を画す。

まずそれまでの上記私鉄各社は、旅客輸送だけでなく、貨物を運搬したり、沿線の工場や家庭に電力を売電したりすることも、有力な収入源としていた。玉川電気鉄道では多摩川の砂利輸送、京王電気軌道では売電事業、武蔵野鉄道、東上鉄道、東武鉄道では蒸気機関車による農産物や生糸、肥料輸送などである。また、京浜電気鉄道、玉川電気鉄道、京王電気軌道、京成電気軌道は、東海道、大山街道、甲州街道、千葉街道といった街道沿いの集落どうしを連絡する性格が強く、少なくとも大正時代前半までは、国鉄のターミナルと沿線を高速で結ぶという発想は、各社とも薄かった。この四社は、免許も東京市電や横浜市電と同じ「軌道」であり、目黒蒲田電鉄などの「地方鉄道」免許ではない。

そうした状況に、明治・大正時代を代表する実業家の渋沢栄一が中心となって設立した田園都市会社が、一石を投じた。この会社設立の趣旨は、わが国にもイギリスにおける田園都市のようなものを造って、都会生活に潤いを与えたい、というものだった。同社は、住宅地の開発には鉄道が不可欠であると考え、途中紆余曲折があったが、大正十一年に鉄道部門を分離独立させて目黒蒲田電鉄を設立する。この時同社の専務についたのが、後の東急グループの創始者、五島慶太である。

田園都市会社では、震災前の大正十一年頃から洗足地区、多摩川台（田園調布）地区で土地の分譲販売を開始していた。大正十二年三月に、現在の東急目黒線と多摩川線にあたる目黒〜洗足〜調布（現田園調布）〜丸子（現沼部）間を開業させ、国鉄ターミナルと開発した住宅地を結び、東京で初めての郊外電車を走らせはじめた。開業から半年を経た同年九月、関東大震災が起きる。そして震災の直後から、大地震の恐ろしさが身にしみている東京市内在住の人たちの間で、俄然、郊外へ住宅を移す風潮が生まれる。「事務所は東京に、住宅は郊外に」という言葉も流行した。

田園都市会社でもすかさず以下のような新聞広告を打って宣伝につとめた。第二回多摩川台地区分譲地売り出しにあたり、

「今回の激震は、田園都市の安全地帯たることを証明しました。都会の中心から田園都市へ！　それは非常口のない活動写真館から、広々とした大公園へ移転することです。すべての基本である安住の地を定めるのは今です」と載せた。

目黒蒲田電鉄でも同社の沿線案内パンフレットに、

「当社の電車では、漫然と乗っただけで立派に観光電車として価値ある景勝地を走っています。皆さんは、地震や津波の危険のない鎌倉、逗子、大磯辺を手近に発見したわけです」

と若干脅しをかけながら、自社沿線に住むメリットを謳いあげた。

目黒蒲田電鉄では、その後も、丸子（現沼部）〜蒲田間を大正十二年十一月、大井

町〜大岡山間（現東急大井町線）を昭和二年、大岡山〜二子玉川間を昭和四年と開業させていく。目黒蒲田電鉄は、路線建設免許を持ちながら第一次世界大戦後の反動不況により倒産寸前だった武蔵電気鉄道を傘下に収めて、東京横浜電鉄と社名を変え、目黒蒲田電鉄に接続させる形で、現在の東急東横線にあたる丸子多摩川（現多摩川）〜神奈川間を大正十五年二月に開業、昭和二年八月には渋谷までも延伸させた。

こうして目黒蒲田電鉄は大成功をおさめていく。五島慶太が取った手法は、阪急電鉄の創始者、小林一三が箕面有馬電気軌道（現阪急宝塚線）で成功させた、不動産経営と鉄道経営の相乗効果戦略を、関東でも踏襲したものとされる。そもそも五島を田園都市会社に紹介したのが小林である。だが後に多くの会社を乗っ取るように買収し、「強盗慶太」と呼ばれる五島慶太の手腕による面も大きかった。

目黒蒲田電鉄は、震災直前は社員一五〇人ほどの小さな会社で、他の私鉄のように人が多く住む街道沿いを走るものではないため、沿線の人口が増える前に潰れてしまうのではないかという声もあった。そこへ起きた関東大震災での、郊外移住の社会的な風潮が、同社にとっての決定的な追い風となった。東急の社史（『東京急行電鉄50年史』昭和四十八年）には、関東大震災のことがこう記されている。

「関東地区に大被害をもたらした大地震ではあったが、結果からみれば、田園都市会社にとっては、まさに〝地震さまさま〟だった」

一〇万人以上が亡くなった大災害に〝さまさま〟とはないだろう、と思うが、つい本音が出てこう書いてしまうほど、関東大震災は目黒蒲田電鉄に恩恵をもたらした。

この時期、目黒蒲田電鉄や東京横浜電鉄に続いて、昭和二年、小田原急行鉄道が新宿〜小田原間全線同時開業、同年西武鉄道（旧会社）が高田馬場〜東村山間、昭和八年に帝都電鉄（現井の頭線）が渋谷〜井之頭公園（現井の頭公園）間に開業し、東京の私鉄は郊外電車全盛の時代となる。こうして、郊外の自宅からラッシュアワーにもまれて都心に通勤するサラリーマン社会が誕生する。まさに関東大震災が、郊外電車の発達を強力に後押しし、東京が都市型社会へと変貌していくスピードを著しく早めさせた。

関東大震災での体験や教訓は、その多くが語り継がれず風化している。根府川では、昭和三十年代半ば、東海道新幹線のトンネル工事により出た土で、土地の造成が行われた。その場所は、関東大震災の時、山津波が谷を駆け下った所だった。そこにすぐ家も建てられた。今（二〇一二年）から五十年前、震災から四十年経った時代、すでに大惨事が起きた地区でも、土地の記憶が薄れていたわけである。

この九十年の間に、日本人の国民性は変化した。冒頭に、関東大震災でも東日本大震災でも、被災者の落ち着いた行動を外国人が絶賛していることにふれたが、宇野浩二が関東大震災から数カ月後、外国人が驚嘆していることについて、「人の一生は重荷を背負って坂を行くようなものだとは我々の祖先の教である。私たちはこの世に楽をしに来たのではなく、苦をしに来たのだ、と私など少年の頃聞かされたものである。地震に遭うことも亦この世の勤めの一つであろうか。――そんな風に多くの日本人は無意識に考えていると見える」（『震災文章』）と述べている。

人生で苦しい目に遭うのは、あたりまえなのだという見解は、平成の世の大震災では、ほとんど語られなかった。ただし苦い体験からの教訓が、今でも忘れ去られがちなのは、古来から天災や異常気象には、諦めと祈りとをもって対処してきた農耕民族としての日本人のＤＮＡという気がする。

関東大震災当時と比べ、トンネルや高架橋など、土木技術の面では、その後数度にわたる大地震での被害を徹底的に調査することで、技術革新が飛躍的に進んだ。また、震源近くで激震を感知した地震計がそのデータを発信し、列車を減速させるなどの最新技術も活かされてきた。東日本大震災の発生時、二七本の電車が走っていた東北新幹線が、最も被害が大きかった地点に電車が走っていなかったという幸運もあったにせよ、すべて安全に停車できたことは、こうした進歩のおかげである。

一方、鉄道職員や旅客に対し、地震発生時の咄嗟の判断や、その後の行動といったソフト面の研究は、まったくといっていいほど進んでいないことを痛感する。東日本大震災での鉄道の対応例など、本書でみてきた関東大震災当時より劣っていると感じる例もある。東日本大震災では、様々な好判断をした鉄道員も多かった。だが、組織として、地震発生後の対応や情報の伝え方など、研究や対策がなされていないことが問題だと思う。地震国日本に住み、大災害の教訓を忘れがちな国民性ゆえ、こうした点で、過去の災害時の対応の洗い出しも含めた検討が必要だということを、強調しておきたい。

本書では、震災での混乱の中、鉄道員として個人の取った行動や、その時の思いを語った言葉が重要だと考え、分かっている限り実名を記した。

資料にあたる際、古宮由雄氏が集めた蔵書や資料を、長女の節子さんから見せていただいたものがとても役に立った。古宮由雄は明治三十六年生まれ、十四歳で列車給士に試傭、二十歳で鉄道大臣官房文書課勤務中震災に遭い、鉄道省の建物にいて奮闘した。その後横浜駅助役、東京車掌区庶務掛兼助役などを務めた。在職中は何度も表彰されているが、亡くなるまでずっと自宅に掲げていたのは、関東大震災の效績賞の表彰状だけだった。古宮家には、震災時混乱の中で使用した「鉄道省」と手書きされた赤い腕章も、同資料の中に残されていた。なお、鉄道省に火が迫る際の古宮の行動の一部は、主に『鉄道時報』によった。同紙には匿名（個人名の記述なし）で書かれていて、古宮が残していた資料などから、この行動は古宮が取ったものと推定して記述した箇所がある。

この本の執筆のきっかけは、『日本鉄道旅行地図帳　東日本大震災の記録』で「関東大震災と鉄道」の記事執筆依頼を、新潮社出版部の田中比呂之さんから受けたことである。その後同誌写真サイトの、関東大震災写真解説にも関わらせていただいた。

田中さんには、各地への取材にもお付き合いいただき、様々なご教示を受けた。

また、関東大震災に遭われた方のほとんどが鬼籍に入られた中、国府津駅前の老舗旅館、国府津館の蓑島清夫さんから、関東大震災当時八歳だった体験のほか、鉄道の町として名をはせていた往時の国府津の様子を、昨年伺うことができたのも、大変参考になった。

多くの方々のご協力を得たが、とくに内田昭光さん、水野弥彦さん、後藤中也さん、また手記の掲載の件で突然ご連絡した際に、丁寧に応対していただいた對木敬蔵さんと米山菊太郎さんのご子息の方々、皆さま方に感謝申し上げます。

文庫版あとがき

本書を執筆したのは東日本大震災の翌年である。それから数年間、津波被害で不通になった三陸鉄道沿線（岩手県）を、その復旧過程の取材も兼ねて何度か訪れた。津波で破壊された線路の盛り土（築堤）を造成しなおしている工事現場を数か月おきに訪ねると、土を数メートル盛り、ローラー（大型の締固め用機械）で固め、またその上に土を数メートル盛り、ローラーで固めという作業を何回も繰り返しているのがよく分かった。土木の専門家でなくとも、丹念に工事が進められているのを実感した。

関東大震災では、線路の築堤が激震で崩れたり、その上のレールが至る所で激しく波打って変形したりした。本格的締固め用機械などない時代に造られた築堤であり、被害写真で見るせいか、いかにもひ弱そうな造りに感じる。

関東大震災時に比べ、橋やトンネルなどの土木技術は、現代のほうが数段進歩している。そうした構造物の進化は専門家でないと分かりづらい面もあるが、土を盛るという一見単純な工事では、その工法の進歩を実感しやすい。さらに傍観しただけでは分からない材料や技術の進展もあるだろう。

こうしたハード面に比べて、いわゆる地震対策のソフト面はどうだろうか。「おわりに」でも一部述べたことだが、災害発生時の行動、判断、長時間列車内に缶詰になったりパニック（またはそれに近い状態）に陥ったりした乗客への対応、帰宅難民が大勢駅に留まった時の対応や案内の仕方といった点に対する研究と対策は、東日本大震災から十年以上経った今日でも、あまり進んでいないように思えてならない。

本書を出版してすぐに、ある鉄道会社の会合での講演依頼をいただいた。「大震災から命を守ろう」という題で、とくに関東大震災時、鉄道員がどういう行動をとり、それが結果的にどうだったかという点、すなわち地震対策のソフト面について話をしてほしいとのことだった。

講演の終了後は懇談となり、実際に乗務員として東日本大震災を経験した方々から話を伺った。印象的だったのは、「災害が発生した時に、多くのお客様がいる中、的確に誘導ができるかが不安」といった声が何人もから聞かれたことである。普段メディアを通しては、そうした声はほとんど発信されないが、面と向かって話して初めて聞ける話に感じられた。

橋の上やトンネルの中などで電車が停止してしまった時、そして余震も起きて乗客が不安のさなかにいる時、どう乗客を誘導するか。仮にそうした事態を想定した訓練をしていたとしても、不安を感じるのは自然なことだろう。

さらに過酷な事態も想定できる。たとえばJR東海道線の鶴見―横浜間など、数百年～千年単位で発生する歴史的に確認された最大の地震を想定すると、線路へ一・二～二メートルの津波がやってくる。

同区間には、湘南新宿ラインなど十五両の長大編成の電車が運行され、通勤時間帯などひと列車に二〇〇〇人以上が乗っている。そこで激震により電車が停止し、津波注意報（または警報）が発令された場合、乗客を線路に下ろし、安全な場所へと誘導することが、二～三人程度の乗務員で本当に可能なのか。しかも津波の場合、それらを短時間で行わなければならない。パニックが起きないほうが不思議だとさえ思えてしまう。

乗務員は、津波避難のナビシステムがインストールされたタブレットを所持していて、それを利用して乗客を誘導する対策がとられているが、いざとなった時、冷静にそれが行えるのか。二〇〇〇人もの人がパニックになりかけている時、緊張して手が震えてタブレット操作が行えないことはないか。

ここで述べておきたいのは、実際の場所、電車を使い大人数を動員してのリアルな訓練が必要であり、それは一鉄道会社だけでなく、たとえば数時間（または半日間）鉄道を止めてでも行う政府主導での国民レベルの規模での想定訓練が必要なのではないか、ということである。

過去の震災の記録としては、土木構造物の被害とその実態に関心が偏りがちだが、その時の人々の行動の記録、そしてその行動へと至った人々の心理状態の記録をも含めたものが重要である。そうした記録を分析することで、実際の訓練をより効果的なものにとブラッシュアップすることができる。

本書の執筆をきっかけにして上記のようなことを考えるようになったが、本書執筆の際も、できる限り多くの場面での人々の行動を述べるようこころがけたつもりである。力足らずの面もあるだろうが、今後もソフト面の記録の大切さを理解していただける一助となってくれれば幸いである。

今回文庫版を出版するにあたり、数年ぶりに根府川の内田昭光さんにお会いするために、経営されている「離れのやど星ヶ山」を訪れた。同地には、明治時代、根府川を経由して熱海から小田原まで敷かれていた豆相人車鉄道の原寸大復元車両があったり、明治から昭和の根府川駅付近の写真が数点飾られていたりする（ちなみに人車鉄道とは、レールの上の小ぶりの車両を、機関車でも馬でもなく、人間が押していた鉄道）。

内田昭光さんからは、関東大震災の土砂災害の現場を、一般財団法人砂防フロンティア整備推進機構の井上公夫氏と歩いた時のことなどを伺った。

二〇一二年以後の各調査をもとに井上氏が現地を歩いての研究によれば、関東大震災時、根府川駅近くの鉄橋を押し流した白糸川の土石流は、上流の大洞（山）が地震で大規模に崩壊して白糸川の流れを堰き止め、その一時的にできた天然ダムが満水となって決壊して発生したものだという。

また根府川駅一帯は、四段の平坦面（Ⅰ面〜Ⅳ面）が分布していて、その一番上の面、すなわち板状節理の発達する根府川石溶岩の波食台面（Ⅰ面）あるいはそれに重なるテフラ（降下火山砕屑物）にすべり面があったと考えられるという。

白糸川では、今後の大地震などで同じような土石流が発生する可能性はないのかが気になるところである。関東大震災時に被害に遭った東海道線白糸川橋梁のすぐ近く、東海道線より標高の低い地点に東海道新幹線の白糸川橋梁が架かっている。井上氏は、大洞（山）の上部斜面には直線上の凹地が多く存在するので、強い地震や豪雨を受けた場合には、行政や住民が一緒になってパトロールし、大規模崩壊の前兆現象を見逃さないようにと提言している（井上公夫『歴史的大規模土砂災害地点を歩く　そのⅡ』、二〇一九年）。本書の出版後もこうした研究が続けられていたことは心強く、今後の進展も期待したい。

文庫化にあたり、写真を多数追加し、本文を一部加筆修正している。有意義なアドバイスをいただいた筑摩書房第一編集室の砂金有美さん、解説を執筆していただいた今尾恵介さんにお礼申し上げます。

解説

今尾　恵介
（地図研究家）

「電車から線路へ降りる際には、決して飛び降りてはいけません」。津波を想定したJR西日本の避難訓練に参加したときに注意されたことである。紀勢本線の串本駅（和歌山県串本町）に近い海辺の駅間であったが、開いたドアから見下ろす線路はずっと下にあって、以前に膝を痛めたこともある私には飛び降りなど始めから無理だった。それなら若くて身軽な若者ならいいかといえば、それでも厳禁。理由は飛び降りた先の足場である。線路には砕石（バラスト）が分厚く敷かれており、足を捻（ひね）ったりすればその先の避難ができないからだ。他の避難者を助けることもできなくなる。

東日本大震災を経験して、各鉄道会社ともさまざまな地震対策に力を入れてきた。紀勢本線の列車には脱出用ハシゴが備えられているのだが、乗客全員がこれに頼ったら津波の襲来に間に合わないおそれもある。そちらは高齢者や障害のある乗客に譲り、他の乗客はハシゴなしで脱出しなければならない。そこで「飛び降りてはいけない」のである。降り方の「正解」は、まずドアの開いた床面に足をぶらぶらさせて座り、そこから静かに地上へズリッと降りる。足や膝に負担をかけないように。あとは一目散に避難路を通って高台へ向かう。数分で襲ってくるかもしれない津波を想像しながらの避難には緊張感があった。

本書を読んで、関東大震災のときには横須賀線の鎌倉駅も津波と火災に脅かされたことを初めて知った。倒壊した駅前の民家からは火が出てたちまち延焼、駅舎に迫ってくる。そんな中で指示を仰ぐべき電信電話は一切通じない。詳しくは本書に譲るが、大久保為二郎駅長はすぐに駅員を集め、各人がなすべきことを命じ、その場で可能な限りの対策を必死に行って駅舎を延焼から守った。さらに近隣住民には貨車の積み荷である食糧を分配してパニックを防いでいる。見事な決断と采配であるが、これを駅長はすべて独断で行った。今日の駅長はそんな大災害に直面したとき、どこまで彼のような行動が可能だろうか。

内田さんも書かれているが、土木構造物などハードの耐震対策が大きく進んだ一方で、ソフト面には不安が残る。「天災は忘れた頃にやってくる」とは寺田寅彦の名言ばならない。

であるが、忘れる生き物である人間は、なんとかして忘れないための策を講じなければならない。
だいぶ古い版ではあるが、手元の高校教科書『日本の歴史』（山川出版社・一九八七年発行）を開けば、関東大震災について「大地震とともに火災が発生し、東京・横浜の下町はほとんど焼野原となった。死者・行方不明者は一〇万人をこえ（以下略）」などと概略が記されてはいる。検定済み教科書であるから、その内容は必ず当該学年の授業で取り上げられてきたのだろう。とはいえ、実際に恐怖に満ちた体験でもなければ、なかなか災害の実相を他者に伝えるのは難しい。教科書に記されるのは集計された「一〇万人」という簡素な数字だが、そこからは個々の災害のさまざまな光景はなかなか想像できない。何万人と一括りにされてしまうと、それぞれ一人ずつ起居する住まいがあり、大切な家族があり、その人にとって大事な盆栽や猫がいて、といったことを思い浮かべるのが難しい。

本書はそれぞれの個人がどこでどのように行動したかを見せてくれる。鉄道省が震災後四年をかけてまとめた大部の（大きな弁当箱の二段重ね！）『国有鉄道震災誌』を一般の人が隅々まで読むのは大変なことだが、鉄道の現場で何が起こり、誰がどのような対処をし、その結果どうなったか、不足していた備えは何なのか、今後の教訓はどうか。大災害の衝撃がまだ醒めやらぬ時期に記録されたこの本をはじめ、その時代に居合わせた文学者の文章など、いろいろな資料を駆使して、内田さんは「震災に遭遇した鉄道とその後」の状況を立体的に組み立て、わかりやすく提示してくれた。

関東大震災前年にあたる大正一一年（一九二二）の新宿駅（鉄道省）の乗車人数は一日平均で二万一七〇七人だが、これに対して「コロナ禍」前の令和元年（二〇一九）は七七万五三八六人と約三六倍になっている。ところが当時の東京府に対して現在の東京都の人口は四倍に届いていない。それだけ電車に乗るライフスタイルが大きく普及したということであり、そのことは鉄道利用時に大地震に見舞われる確率が一〇〇年前よりはるかに高いことを意味している。

私は『地図と鉄道省文書で読む私鉄の歩み』（白水社）というシリーズ本を何冊か上梓してきたが、執筆にあたっては国立公文書館に保存された多くの「鉄道省文書」を閲覧する。そこで気づいたのは、大正一二年（一九二三）以後数年間の文書に「焼失ニツキ再製」とあるものが散見されることだ。関東大震災時の鉄道省本庁舎は現在の東京駅日本橋口前の丸の内トラストタワーN館の場所にあったが、九月一日に焼け落ちている。文書が焼失したのはその時のことだ。これまでの仕事の蓄積が灰と化して無念の思いを抱いたに違いない鉄道官僚たちが、震災被害の全貌を明らかにし、将来の災害に備える一助とすべくまとめた渾身のメッセージが前述の『国有鉄道震災誌』だろう。

一〇〇年前の震災で何があったのか。その広範な大災害の細部に改めて光を当てた内田さんによる本書が、少しでも多くの人に読まれることを期待したい。

参考文献

『国有鉄道震災誌』鉄道省（一九二七年）
『大正期鉄道史資料第Ⅱ期第1巻　国有鉄道震災誌』野田正穂・原田勝正・青木栄一・老川慶喜編　日本経済評論社（一九九〇年）
『大正十二年鉄道震害調査書』『同　補遺』鉄道省大臣官房研究所（一九二七年）
『鉄道統計累年表』鉄道省経理局（一九三一年）
『鉄道時報』各号　鉄道時報局
『関東地方大震火災記念写真帖』東京鉄道局写真部（一九二四年）
『大正十二年大震災に於ける国有鉄道医療機関の業績』鉄道大臣官房保健課（一九二三年）
『東京市電気局震災誌』東京市電気局（一九二五年）
『大正震災志』内務省社会局（一九二六年）
『神奈川県震災誌』『同附録』神奈川県（一九二七年）
『神奈川県下の大震火災と警察』西坂勝人　大震火災と警察刊行会（一九二六年）
『安房震災誌』千葉県安房郡役所（一九二六年）
『静岡県大正震災誌』静岡県（一九二四年）
『東京震災録』『同　地図及写真帖』東京市役所（一九二六年）
『横浜市震災誌』横浜市役所市史編纂係（一九二六年）
『鎌倉震災誌』鎌倉町（一九三〇年）

『神奈川県国府津村誌』国府津町（一九二四年）
『震災予防調査会報告　第百号乙及び戊』震災予防調査会編　震災予防調査会（一九二五年）
『大正大震火災誌』（「日録」室生犀星ほか）改造社（一九二四年）
『大正大震災大火災』大日本雄弁会・講談社（一九二三年）
『大正震災誌』山田延彌編　大正震災誌刊行会（一九二三年）
『大正大震災記』時事新報社（一九二三年）
『実業之日本』大正十二年十月十五日号　実業之日本社（一九二三年）
『アサヒグラフ特別号　大震災全記』東京朝日新聞社グラフ局（一九二三年）
『十一時五十八分　懸賞震災実話集』震災共同基金会編　東京朝日新聞社（一九三〇年）
『大正震災美績』東京府編　大日本学術協会（一九二四年）
『東京震災記』（初版は博文館、一九二四年）田山花袋　河出書房新社（二〇一一年）
『横浜市震災記念館記念帖』（一九二八年）
『大正十二年九月一日大震災記念写真帖』神奈川県震災写真帖頒布事務所（一九二五年）
『関東大災害画報』敬文社（一九二三年）
『関東大震災写真帖』東京婦女界社（一九二三年）

『日本国有鉄道百年史』各巻　日本国有鉄道（一九六九～一九七四年）
『国鉄電気局五十年のあゆみ』国鉄電気局　鉄道界評論社（一九七一年）
『七十年史』日本国有鉄道大宮工場（一九六五年）
『東京急行電鉄50年史』東京急行電鉄（一九七三年）

『東武鉄道百年史』東武鉄道（一九九八年）
『京王帝都電鉄三十年史』京王帝都電鉄（一九七八年）
『京浜急行百年史』京浜急行電鉄（一九九九年）
『江ノ電の１００年』江ノ島電鉄（二〇〇二年）
『箱根登山鉄道のあゆみ』箱根登山鉄道（一九七八年）
『都営交通１００年のあゆみ』東京都交通局（二〇一一年）
『横浜市電気局事業誌』（『公営交通事業沿革史　戦前篇２』）クレス出版（一九九〇年）
『丸の内百年のあゆみ　三菱地所社史』三菱地所（一九九三年）
『横浜港史　総論編』『同　各論編』横浜港振興協会・横浜港史刊行委員会　横浜市港湾局企画課（一九八九年）
『朝日新聞社史　大正・昭和戦前編』朝日新聞社（一九九一年）
『毎日新聞百年史』毎日新聞社（一九七二年）
『東京百年史　第四巻』東京百年史編集委員会　東京都（一九七二年）
『横浜市史　第五巻下』横浜市（一九七六年）
『藤沢市史　第六巻』藤沢市（一九七七年）
『関東大震災と国鉄自動車のはたらき』河野直紀（一九七八年）
『東京駅要覧』東京駅（一九五三年）
『東京駅々史』東京南鉄道管理局・東京駅（一九七三年）
『東京車掌区80年史』日本国有鉄道東京車掌区（一九七七年）
『上野駅一〇〇年史』日本国有鉄道上野駅（一九八三年）

『鉄道と街・横浜駅』三島富士夫・宮田道一　大正出版（一九八五年）
『鉄輪轟き一世紀』山北駅百年記念委員会編（一九八九年）
『御殿場線物語』鈴木理文編　文化堂印刷（二〇〇一年）
『山峡の駅半世紀』ＪＲ東海谷峨駅五十周年記念事業実行委員会編（一九九七年）
『国府津の歴史は国鉄とともに』簑島清夫（私家版）（二〇〇五年）
『大正期鉄道史資料第2集第6巻上野駅史／汐留駅史』野田正穂・原田勝正・青木栄一編　日本経済評論社（一九八四年）
『半生記』（『井伏鱒二全集　第25巻』）井伏鱒二　筑摩書房（一九九八年）
『中川正左先生伝』東寅治編　中川正左先生喜寿記念伝記刊行会（一九五七年）
『種田虎雄伝』鶴見祐輔　近畿日本鉄道（一九五八年）
『小島直記伝記文学全集』（第11巻「岡野喜太郎」）小島直記　中央公論社（一九八七年）
『人生八十年の歩み』内田一正　内田昭光（二〇〇〇年）
『宇野浩二全集第十二巻（「震災文章」）』宇野浩二　中央公論社（一九六九年）
『唄の自叙伝』西條八十　日本図書センター（一九九七年）
『写真と地図と記録で見る　関東大震災誌・東京編』『同神奈川編』千秋社（一九八七、一九八八年）
『足柄乃文化』第11号山北町地方史研究会（一九七六年）
『関東大震災　そのとき、西相模は』横山正明　松風書房（一九九六年）
『シリーズその日の新聞　関東大震災』新聞資料ライブラリー監修　大空社（一九九二年）
『津波来襲直後の陸上交通障害について』首藤伸夫　『津波工学研究報告』14号（一九九七年）
『事故の鉄道史』佐々木冨泰・網谷りょういち　日本経済評論社（一九九三年）

『関東大震災　大東京圏の揺れを知る』武村雅之　鹿島出版会（二〇〇三年）
『図説関東大震災』太平洋戦争研究会編　河出書房新社（二〇〇三年）
『横浜の関東大震災』今井清一　友隣堂（二〇〇七年）
『写真集　関東大震災』北原糸子編　吉川弘文館（二〇一〇年）
『関東大震災の社会史』北原糸子　朝日新聞出版（二〇一一年）
『報告書　横浜・関東大震災の記憶』横浜市史資料室（二〇一〇年）
『車両航送』山本熙　日本鉄道技術協会（一九六〇年）
『関釜連絡船』金賛汀　朝日選書（一九八八年）
『ガイドマップ豆相人車鉄道　歴史街道物語』豆相人車鉄道地域活性化協議会（二〇〇三年）
『日本鉄道旅行地図帳』各号　今尾恵介監修　新潮社（二〇〇八〜〇九年）
『復刻版明治大正時刻表』新人物往来社（一九九八年）
DVD『機関車表国鉄編Ⅰ蒸気機関車の部』沖田祐作編　Rail Magazine（二〇〇八年九月号）

本書は二〇一二年に新潮社より刊行された単行本に
加筆・修正を加えたものです。

ちくま文庫

関東大震災と鉄道
——「今」へと続く記憶をたどる

二〇二三年七月十日　第一刷発行

著者　内田宗治（うちだ・むねはる）

発行者　喜入冬子
発行所　株式会社　筑摩書房
東京都台東区蔵前二―五―三　〒一一一―八七五五
電話番号　〇三―五六八七―二六〇一（代表）
装幀者　安野光雅
印刷所　三松堂印刷株式会社
製本所　三松堂印刷株式会社

ISBN978-4-480-43894-2　C0195